Susanne Mierau
Doris Niebergall

FABELhaft durchs erste Babyjahr

Der gute Start
für Eltern und Babys:
Bewegung und Bindung,
Spiel und Spaß

Ökotopia Verlag, Münster

Impressum

Autorinnen Susanne Mierau, Doris Niebergall
Fotos Malte Sänger, Familie Mierau, Michel Di Moro (Einzelnachweis S. 126)
Satz Hain-Team, Bad Zwischenahn
Layout Felix Weigner, Bad Zwischenahn
Herausgeber BBS – Buchwerk Bernhard Schön, Idstein
ISBN 978-3-86702-176-0

1. Auflage
© 2012 Ökotopia Verlag, Münster

Zu diesem Buch gibt es eine CD mit dem Titel

FABELhafte Kinderlieder
Bewegen, singen, Spiel & Spaß mit den Kleinsten

ISBN 978-3-86702-177-7

Die Texte der Lieder, auf die im Buch verwiesen wird, sowie **alle Liedtexte sämtlicher Ökotopia-CDs** stehen in unserer Datenbank zum kostenlosen Download bereit: www.oekotopia-verlag.de/liedertexte

Inhalt

Vorwort

Von Thea Vogel

Ich freue mich sehr über dieses Buch! Endlich gibt es ein Begleitbuch für Eltern zu dem pädagogischen Konzept FABEL®-Kurs, das an vielen Orten in aller Munde ist, aber oft bei Eltern Fragen aufwirft: „Was ist das eigentlich, was wird im FABEL®-Kurs mit den Babys gemacht?"

Dieses Buch beantwortet diese und viele andere Fragen sehr anschaulich. Es ist ein sensibler Entwicklungsbegleiter für das erste Jahr mit dem Baby. Das Besondere daran: Die Autorinnen beschreiben nicht nur die Ent-

Baby ist da, und vieles verändert sich

wicklung des Babys sehr einfühlsam, sondern skizzieren auch die Entwicklung der Eltern mit den entsprechenden Gefühlen und Bedürfnissen während des ersten Lebensjahres. Dadurch wird deutlich, wie eng in dieser Anfangszeit Mutter und Baby miteinander verbunden sind, wie der Partner sich einklinken kann und wie wichtig es ist, den Blick für alle drei zu öffnen. Mann und Frau erleben die Zeit mit dem Baby unterschiedlich, der Partner kann eifersüchtig auf das Baby sein oder auch seine Frau beneiden, weil sie eine so enge körperliche Beziehung mit dem Kind haben kann. Ein hilfreicher Tipp der Autorin-

nen ist z. B. in diesem Zusammenhang das „partnerschaftliche Rendezvouz", damit die Familie nicht zum „Minenfeld", sondern zum „Ort der Geborgenheit" wird.

Die beiden Autorinnen Doris Niebergall und Susanne Mierau sind erfahrene FABEL-Kursleiterinnen, und ihre Überlegungen und Anregungen entspringen direkt aus dem praktischen Austausch mit den Eltern. Sie sind in ihrer täglichen Arbeit gewöhnt, mit Feingefühl, Sorgfalt und Fachkompetenz auf die Fragen und Überlegungen der Eltern einzugehen und sie vor allem darin zu bestärken, dass sie ihrer Intuition vertrauen und sich als kompetente Eltern fühlen können. Im vorliegenden Buch finden sie den richtigen Ton, Eltern dabei zu ermutigen, dass sie auch holprige Wegstrecken meistern können.

In dem Buch werden körperliche, emotionale und geistige Aspekte berücksichtigt. Die Auto-

Diese Bindung ist früh geknüpft

rinnen zeigen, dass Schwangerschaft, Geburt und die Zeit mit einem Baby ganzheitlich betrachtet werden müssen. Auch schwierige, die Gefühle belastende Seiten des Mutter- und Vaterseins werden beschrieben und Hilfen aufgezeigt. Ermutigung kommt dabei auch von den liebevoll und treffend formulierten Überschriften wie: "Vom Engelslächeln zum strahlenden Blick" oder „Offene Hände begreifen die Welt" und „sprudelnde Aufregung". Lesen Sie selbst und lassen Sie sich berühren! Eltern, die mehr wissen wollen über kulturelle und historische Zusammenhänge, erfahren, wie Elternsein früher war, warum sich der Umgang mit Babys gewandelt hat, und werden dabei bestärkt, ihren Weg zu finden auch gegen oft wohlgemeinte Ratschläge von Eltern und Schwiegereltern. Sie erfahren, dass sie zwar von der eigenen Kindheit geprägt sind, jedoch selbst einen neuen Weg finden werden. Auch die Vielfältigkeit von Familienmodellen findet Beachtung, sei es die Patchworkfamilie, die Regenbogenfamilie oder Alleinerziehende.

Neben sehr praktischen Anregungen zum Babyschlaf, zur Ernährung, zur Bewegungsentwicklung – Themen, die bei Elterngruppen oft im Vordergrund stehen – werden auch neue Erkenntnisse aus der Bindungsforschung oder aus der Gehirnforschung vermittelt.

Nicht zuletzt gibt das Buch ganz praktische Anregungen beim Spielen mit dem Baby: Kleine Verse und Lieder, Streichelspiele und Tänze können problemlos im Alltag umgesetzt werden. Es ist Zeit, dass ein größerer Kreis von Eltern das FABEL-Konzept kennen lernt, es sich bundesweit verbreitet, und ich hoffe, dass das Buch dazu einen wichtigen Beitrag leisten wird.

Kann ich das hochheben? Spielangebot im FABEL®-Kurs

Einleitung

Mit Kindern zusammenzuleben, ist wunderschön. Warum? Weil wir Erwachsenen die Welt wieder neu entdecken können mit den Augen unserer Kinder. Und weil wir neue Talente und Fähigkeiten in uns wahrnehmen, die nur auf ihren Einsatz gewartet haben. Mit Kindern zusammenzuleben, ist aber auch ganz schön schwer. Warum? Weil uns vorher keiner gesagt hat, wie es ist, Eltern zu sein. Weil wir bisher ein selbstbestimmtes Leben gewöhnt waren. Weil es keine klaren

Rollenvorbilder mehr gibt. Weil wir alles, alles richtig machen wollen, und zwar 24 Stunden, sieben Tage die Woche.

Dieses Buch beschreibt die guten und die schlechten Gefühle im Zusammenleben mit kleinen Kindern. Es geht um die schönen Momente mit unseren Babys und um die schweren Situationen, in denen wir Hilfe brauchen. Grundlage unserer Arbeit ist das pädagogische Programm FABEL® (Familienzentriertes Baby Eltern Konzept). In den 1980ern entwickelte die deutsche *Gesellschaft für Geburtsvorbereitung, Familienbildung und Frauengesundheit* dieses Konzept für Familien mit kleinen Kindern. Seit über 20 Jahren erfahren Babys in FABEL°-Kursen sensible Sinnesanregungen, tauschen sich Eltern aus, lernen Kinder vonein-

Wir sind ein Team

ander – moderiert und geleitet von zertifizierten FABEL°-Gruppenleiterinnen. In den letz-

ten Jahren haben sich Wissenschaft und Politik intensiv mit den Bedürfnissen von Babys und Kleinkindern beschäftigt. Wir wissen heute, dass ein Kind, wenn es von klein auf Bedürfnisbefriedigung erlebt, beste Chancen auf ein gesundes, stabiles Leben hat. Aber was ist mit uns Eltern? Wir haben auch Bedürfnisse: z.B. ausreichend Schlaf und Gespräche unter Erwachsenen; oder einfach mal eine Stunde allein in der Badewanne … Es gibt viele Bücher darüber, wie erfolgreiche Frauen ihre Probleme mit der Mutterschaft lösen konnten. Oder Männer sich mit dem Vatersein auseinandergesetzt haben. Und natürlich, wie Babys sich gut entwickeln können. Wir haben aber ein Buch vermisst, das alle diese Dinge aus Sicht der ganzen Familie beleuchtet. Deshalb ist das FABEL°-Buch entstanden: um ein bisschen mitzuhelfen, dass junge Familien als Team zusammenwachsen.

Das Buch besteht aus zwei Teilen: Im ersten gehen wir auf die Voraussetzungen ein, unter denen Familien heute leben. Der Praxisteil zeigt die „Meilensteine" des Entwicklungsweges, den Eltern und Kind gemeinsam gehen. Hier haben wir FABELhafte Übungen zur Sinneswahrnehmung, Lieder und Massagespiele zusammengetragen. Passend zu den Entwicklungsphasen der Kinder gehen wir auf Fragen ein, die bei Mutter und Vater auftauchen. Wir geben Anregungen für den Alltag, die Mutter und Kind oder Vater und Kind oder alle gemeinsam umsetzen können – für ein FABELhaftes gemeinsames erstes Jahr.

Wir wünschen Ihnen viel Spaß beim Lesen.
Susanne Mierau, Doris Niebergall

FABELhaft von Anfang an

Von der Kunst, Eltern zu sein

FABEL®-Kurs für Eltern und Kinder

Vormittags, in einem Familienzentrum in Deutschland: Sieben Babys liegen auf weichen Unterlagen in der Mitte eines warmen gemütlichen Zimmers. Die Kinder probieren ihre Stimmen aus, ahmen sich gegenseitig nach, lauschen den Tönen der anderen. Mütter und Väter sitzen im Kreis um die Babys, beobachten sie und hören ihnen zu. Hier trifft sich eine FABEL-Gruppe. Einmal in der Woche kommen Eltern und Babys zu Austausch, Spiel und Beobachtung zusammen. Jemand fragt: „Was sagen die Kinder eigentlich?" Wer genau hinhört, nimmt erstaunlich viele unterschiedliche Töne und Laute wahr. Und im FABEL-Kurs hört man genau hin. Durch das genaue Zuhören, das sich Einlassen auf den Dialog mit dem Baby werden die Grundlagen für das Sprechen gelegt.

In einer besonderen Einheit bittet die Kursleiterin darum, die Handlungen der Kinder genau zu beobachten, ohne vorschnell einzugreifen: Wie wird ein Gegenstand untersucht? Nimmt mein Kind Kontakt zu anderen auf? Wie zeigt es, ob es Interesse hat oder müde ist? Wie wird es mit Herausforderungen und Frustrationen fertig? Indem die Babys für einen bestimmten Zeitraum ohne Eingreifen tätig sein können, üben sie eigenständiges Entdecken und Erforschen (Pickler 2001). Anschließend bespricht die Gruppe ihre Beobachtungen – es ist immer wieder spannend zu hören, wie genau Eltern hinschauen und wie klug die Babys in ihren Handlungen sind.

Wissenswertes auf einen Blick

⮕ FABEL˙ hat die Bedürfnisse von Mutter, Vater und Kind im Blick

⮕ Die Kompetenz der Familie wird wahrgenommen und bestärkt

⮕ Kinder werden in ihrer eigenen individuell unterschiedlichen Entwicklungszeit begleitet

⮕ FABEL˙ fördert die Bildung von Netzwerken

⮕ intensive Zeit mit dem Kind

⮕ FABEL˙-KursleiterInnen durchlaufen eine ca. 2-jährige interdisziplinäre Qualifikation

⮕ Entlastung, Lebensfreude und Stressreduktion sind präventive Merkmale von FABEL˙

Beobachten, Bestaunen, Begreifen

Moderiert werden die Kurse von ausgebildeten FABEL°-KursleiterInnen. FABEL° steht für „familienzentriertes Baby Eltern Konzept" und wurde von der *Gesellschaft für Geburtsvorbereitung, Familienbildung und Frauengesundheit (GfG)* als pädagogisches Präventionsproramm entwickelt und von der *Bundeszentrale für gesundheitliche Aufklärung* gefördert. Für die Kinder bedeutet das: Mutter oder Vater verbringen eine intensive Zeit mit ihnen, aber auch: Sie nehmen mit Kindern ihres Alters Kontakt auf.

> „Zuerst hatte ich ein bisschen Bammel, weil ich nicht wusste, ob ich mich mit den anderen Frauen auch wohlfühle. Gerade wenn ich so müde war, weil Nora nachts mal wieder nicht geschlafen hatte! Ich konnte manchmal nicht richtig denken vor Müdigkeit. Aber der Kurs war sehr angenehm, und schnell habe ich festgestellt, dass es den anderen genauso geht wie mir. Das hat mir echt gut getan, und Nora auch."
>
> Petra, 32, mit Nora

Und die Eltern erhalten fundierte Informationen über wichtige Themen und können sich austauschen mit anderen, die in derselben Situation sind. Das Konzept ist als Gruppenkonzept angelegt, spricht auch Väter an und hat immer die ganze Familie im Blick.

Durch die regelmäßigen Treffen wächst Zusammengehörigkeit. Eltern und Kinder lernen sich kennen, und es entstehen oft Freundschaften zwischen Familien, die über Jahre halten. Die Themen in den Kursen reichen von Ernährung bis Erziehung. In der angenehmen Atmosphäre, die FABEL°-Kursleiterinnen entstehen lassen, können Eltern ihr eigenes Kind und die anderen ohne Konkurrenzdenken beobachten. Kinder entwickeln ihre motorischen, beobachtenden, sprachlichen Fortschritte, ihre körperlichen und geistigen Fähigkeiten nach ähnlichen Mustern, aber zu unterschiedlichen Zeiten. Eltern, die das wissen und ihre Kinder aufmerksam beobachten, gehen viel entspannter mit ihrem Baby um. So wächst das Vertrauen in die Kompetenz ihres Kindes, aber auch in ihre eigene. Dieses Selbstvertrauen ist gerechtfertigt: Denn Eltern besitzen ein angeborenes Wissen, wie sie sich dem Kind gegenüber „richtig" verhalten. Auch die Babys sind bereits vor der Geburt wissende und lernende Wesen, und diese Entwicklung setzt sich nach der Geburt fort. FABEL° bestätigt und verstärkt diese Kompetenzen. Die FABEL°-Kursleiterin hört zu, moderiert und lässt Raum für unterschiedliche Lösungen. Dadurch entsteht ein Klima der Toleranz gegenüber anderen Bedürfnissen und Kulturen. Man fühlt sich wohl im FABEL°-Kurs – als Mutter, als Vater und als Kind.

Das Geheimnis der Entwicklung:
Stufen, Phasen, Meilensteine

Vom ersten Schrei zum ersten Wort – wie sich Ihr Baby entwickelt

Jedes Kind entwickelt sein eigenes Tempo und Temperament. Und deshalb sieht dieses erste wichtige Lebensjahr bei jedem Kind ein wenig anders aus. Allen ist gleich, dass sie sich vom ersten Schrei zum ersten Wort so schnell entwickeln und so viel lernen wie später nie mehr wieder.

Spielerisch die Welt entdecken

Manche Kinder durchlaufen die Entwicklungsphasen schnell, andere langsam. Geben Sie Ihrem Kind die Zeit, die es braucht!

Schon im Mutterleib gab es einen Entwicklungsplan, der bei allen Kindern in etwa gleich abläuft. Und auch nach der Geburt gibt es ein solches ungeschriebenes Gesetz für die körperliche und geistige Entwicklung. Dabei bauen alle Fähigkeiten aufeinander auf. Die Feinmotorik der Hände ist dafür ein gutes Beispiel: Erst bewegt das Baby die Arme wild

Wer bist du? Kontakt aufnehmen von Mamas Armen aus

umher, dann kann es sie zunehmend gezielter verwenden und irgendwann mit den Händen nach Gegenständen greifen, bevor es schließlich einen einzelnen Finger einsetzt. Nur der zeitliche Rahmen ist variabel: Manche Kinder laufen schon mit neun, andere mit 18 Monaten. Auch sind meist nicht alle Entwicklungsbereiche gleich weit entwickelt: Sprache, Grob- und Feinmotorik, Sozialverhalten, Kognition, Hören und Sehen zeigen bei jedem Kind ein ganz individuelles Entwicklungsprofil.

Schritt für Schritt das Kind begleiten

Haben Sie also alle Fähigkeiten Ihres Kindes im Blick und nicht nur die besonders auffallenden (wie die motorische Entwicklung). Wichtig ist, dass das Kind die Stufen jedes Entwicklungsbereiches in seinen einzelnen Etappen erfahren kann. Manche „Hilfe" für das Kind – ist sie auch lieb gemeint – nimmt notwendige Entwicklungsschritte vorweg oder unterbindet sie und wirkt so eher hemmend als unterstützend. Wird ein Kind zu früh hingesetzt oder -gestellt, ohne dass es das selbst schon kann, verliert es die Chance, alle nötigen motorischen Schritte selbst zu versuchen, und den Stolz, es aus eigener Kraft erreicht zu haben. Das persönliche Entwicklungstempo des Kindes kann man kaum beeinflussen. Jedes Kind nimmt sich seine Zeit, und bei jedem Kind ist die Reihenfolge der Entwicklungsschritte ein wenig anders. Auch wenn die Entwicklung vorgegeben ist – es gibt doch einen wichtigen Faktor, der sie beeinflusst: die Lernumgebung. Ihr Kind kann sich nach seinem Tempo besser entwickeln, wenn die Umgebung entsprechend gestaltet ist. Es greift nur zu, wenn es etwas gibt, nach dem es greifen kann. Und es entwickelt die einzelnen Fähigkeiten durch Lernen weiter. Krabbelt es anfangs noch unbeholfen und langsam, wird es in wenigen Wochen zu einem kleinen Flitzer – es hat gelernt, wie es schneller und besser vorankommt. Wenn Eltern wissen, wie sich das Kind entwickelt, welche Fähigkeiten aufeinander aufbauen, können sie eine Umgebung und Anregungen bieten, die genau zum jeweiligen Entwicklungsstand passen und das Baby weder unter- noch überfordern. So wird es sich seinem eigenen Tempo entsprechend entwickeln und Freude und Stolz an jedem erreichten Meilenstein haben.

Vom ersten Kuscheln zum ersten „Kuckuck"- Spiel – Eltern entwickeln sich auch

Die „Rückbildung" der Mutter ist in Wahrheit eine Weiterentwicklung: Nach der Geburt benötigt der Körper ein paar Monate, um (mehr oder weniger) wieder „der alte" zu sein. Der Körper braucht mindestens so viel Zeit zur Rückbildung, wie

die Schwangerschaft gedauert hat: neun Monate – manchmal auch länger. Nehmen Sie sich also nicht vor, in kürzester Zeit Ihre alte Form zurückzubekommen.

Der Körper ist weise – so viel Zeit wie für die Schwangerschaft nötig war, nimmt er sich für die Rückbildung.

Die Pölsterchen, die es auch nach der Geburt

Behalten Sie alle Entwicklungsschritte im Blick

und dem Wochenbett noch gibt, sind Ihre ganz persönliche Kraftreserve für das erste Lebensjahr des Kindes. Denn in seinem Verlauf gibt es einige Zeiten, in denen Ihr Körper über diese Schwangerschaftsrücklagen erfreut sein wird und so nach und nach mit Hilfe einiger sanfter Übungen zu seiner alten Form zurückfindet. Natürlich entwickeln sich auch die Väter. Sie erleben die wachsende Nähe zum Baby durch den Hautkontakt und die gemeinsamen „Gespräche"; aber sie leiden eben auch unter dem Schlafmangel in durchwachten Nächten. Diese Entwicklung vollzieht sich in verschiedenen aufeinanderfolgenden Stufen. Bestimmte Hormone, die ihr Körper bereitstellt, helfen den Männern dabei, sich auf das Vatersein einzulassen.

Wussten Sie, dass sich auch der Körper des Vaters mit bindungsfördernden Hormonen auf die Zeit nach der Geburt vorbereitet?

Es gibt vieles im Leben, was sich in dieser Zeit bei den Vätern verändert, und auch sie brauchen ihre Zeit der Neufindung und Gewöhnung an das neue Leben. Gefühle aus der eigenen Kindheit kommen hoch. Väter machen auch einen Reifeprozess durch. Sie müssen lernen, mit ganz neuen Gefühlen umzugehen: dem Gefühl von Hilflosigkeit, aber auch der unbändigen Zärtlichkeit für einen neuen Menschen.

Eltern wachsen neue Kräfte zu, psychisch und physisch. Sie machen es richtig, wenn sie ihrem natürlichen Rhythmusgefühl und Instinkt vertrauen. Denn auch Elternfähigkeiten entwickeln sich nach und nach. Dabei helfen auch hier günstige Rahmenbedingungen, damit die gemeinsame Entwicklung von Eltern und Kind harmonisch verläuft.

Gemeinsam die Stärken der Kinder entdecken

Hurra, wir werden eine Familie!

Sommerausflug mit Papa

Vaterstolz und Mutterglück

Wie geht es Vätern, die das erste Mal ihr neugeborenes Kind im Arm halten? Sie sind zunächst erleichtert, dass Mutter und Kind die Geburt gut überstanden haben. Sie haben den überwältigenden Wunsch, diesen Menschen lebenslang gegen alle Widrigkeiten beschüt-

zen zu wollen. Andere berichten von großer Vertrautheit von Anfang an. Aber vielen neuen Vätern ist das Kind einfach noch fremd – sie fühlen sich unsicher und wissen nicht, was von ihnen erwartet wird. „Hoffentlich lasse ich es nicht fallen" schießt es ihnen vielleicht durch den Kopf. Die meisten Männer berichten von einer Mischung aus Freude und Furcht, Glück und Besorgnis in den Minuten und Stunden nach der Geburt. Während der Schwangerschaft konnten sie das Kind nur „von außen" wahrnehmen, sichtbar durch Bewegungen des mütterlichen Bauches und die Veränderungen der Partnerin. Ist das Kind auf der Welt und liegt auf einmal im Arm, ist es zunächst ein neuer und auch etwas fremder Mensch, der kennengelernt werden will.

„Warte nur, bis Vater nach Hause kommt ..."

Noch in unserer Eltern- und Großelterngeneration waren Väter in der Kindererziehung die gesetzgebende Instanz: Väter waren zur

> „Vor der Geburt unseres Sohnes hatte ich mir vorgenommen, ein engagierter Vater zu sein, weil ich wusste, dass das gut fürs Kind und auch für unsere Beziehung ist. Aber das war alles so abstrakt, und ich habe auch ein bisschen Angst davor gehabt, ob ich das so einfach kann. Dann kam Jannis auf die Welt, und es macht richtig Spaß, mit ihm zusammen zu sein – ich kann herumalbern und irgendwie unerwachsen sein. Dass mir das so viel gibt, hätte ich vorher nie gedacht."
> Leo, 39, mit Jannis

Strenge und Distanz durch ihre vorgegebene Rolle gewissermaßen disponiert – zärtliche Gefühle den eigenen Kindern gegenüber wurden nicht erwartet und waren nicht vorgesehen. Der Bindungsforscher John Bowlby kam in seinen bahnbrechenden Untersuchungen zur frühen Bindung dann auch zum Ergebnis, dass einzig die Mutter die biologischen Voraussetzungen für eine innige Bin-

kam. Demnach bringen Väter dieselben biologischen Voraussetzungen wie Mütter mit, zu ihrem Kind eine liebevolle und enge Bindung aufzubauen. Sie entwickeln die gleichen Liebes- und Bindungshormone wie ihre Partnerinnen, sie sind genauso sensibel und empfänglich für kindliche Bedürfnisse.

Aber das ist noch nicht überall in der Gesellschaft angekommen: Jungen Vätern, die El-

Den Rücken stärken: Väter sind ebensolche Bindungsexperten wie Mütter

dung zum Kind habe . Erst rund 20 Jahre später entwickelte sich eine eigenständige Väterforschung, die zu anderen Ergebnissen

ternzeit beantragen, kann es passieren, dass der Arbeitgeber die Frage stellt, wie ernst sie es mit der Arbeit meinen. Väter, die sich täglich aktiv für ihr Kind engagieren, betreten unbekanntes und in manchen Teilen unwegsames Neuland.

Beste Erfahrungen mit ihrer neuen Rolle haben Väter gemacht, die von Anfang an mit dem Kind „ins Gespräch" gekommen sind. Je häufiger sie mit ihm zusammen sind, umso schneller lernen sie, seine Signale zu deuten und es zu beruhigen. Kinder profitieren sehr davon, wenn beide Eltern von Geburt an in Kontakt mit ihnen sind. Sie sind fürs Leben besser gerüstet, ihre kognitiven Fähigkeiten entwickeln sich besser, und sie sind später selbst bindungsfähiger. Väter, die sich auf das Baby einlassen, erleben sich als kompetente Persönlichkeiten, die Partnerschaft wird nachweislich stabiler. Und um das Wichtigste nicht zu vergessen – es macht

Kindheit vor 100 Jahren: Wir halten uns im Arm ...

einfach riesigen Spaß, mit einem Kind zusammen zu sein, mit ihm in Dialog zu treten und die Welt (wieder) mit Kinderaugen zu betrachten. Auf diesem gemeinsan Weg lernen junge Väter nicht nur, stolz aufs Kind zu sein, sondern auch auf sich selbst als Vater – Vaterstolz eben.

Mutterschaft früher und heute – ein Vergleich

Und wie sieht es mit dem Mutterglück aus? Ein Blick in die Vergangenheit zeigt: Früher konnten sich unbedingte Mutterliebe nur wenige leisten. Die Kindersterblichkeit war erschreckend hoch, Schwangerschaft und Geburt mit einem erheblichen Risiko verbunden. Viele Frauen starben bei der Geburt oder im Wochenbett durch unvollständiges Wissen über Hygiene, tiefste Armut, Kinderschwangerschaften, Mangelernährung oder die harte körperliche Arbeit nach der Geburt.

Mutterglück entstand damals aus der Erleichterung, dass ein Kind die ersten schweren Jahre überlebt hatte. Zahlreiche Aufnahmezeremonien aus allen Kulturen der Welt belegen die „Kosten-Nutzen-Rechnung" von Mutter Natur: Erst wenn das Baby von der

„Dieser Anspruch, dass ich automatisch alles immer richtig mache, war mir, ehrlich gesagt, am Anfang zu viel. Wieso sollte ich auf einmal Expertin in Sachen Kindererziehung sein? Ben war schließlich mein erstes Kind. Dass ich mich plötzlich nur noch auf mein Gefühl verlassen sollte, hat meine Hilflosigkeit noch verstärkt. Am Anfang war es schwer zu verstehen, warum er weint. Mit der Zeit kamen wir aber immer besser miteinander zurecht."
Birthe, 26, mit Ben

Mutter und der sie umgebenden Gruppe anerkannt wurde, wird es in die Gemeinschaft aufgenommen, sodass Bindung entsteht. Mit dem Sinken der Kindersterblichkeitsrate und dem Aufkommen eines neuen, wertschätzenden Blicks auf das Kind wurde in unserer Kultur die gefühlsmäßige Nähe zum Kind thematisiert. Mutterglück und Mutterliebe wurden von da an als natürlicher Instinkt jeder Frau betrachtet.

Wie wir gesehen haben, ist Mutterglück stets auch ein kulturelles Konstrukt. Waren unsere

Vorfahren etwa keine guten Mütter? Doch, das waren sie. Sie haben – wie zu allen Zeiten und allen Orten in der Natur vorgesehen – die Energie, die es kostet, Kinder aufzuziehen, gegen die eigenen Kräfte gerechnet, die ihnen zur Verfügung standen. Auch die Körper der mittelalterlichen Mütter produzierten Bindungshormone beim Gebären, und auch sie streichelten die zarte Babyhaut und trugen ihre Kinder bei sich.

Auch wir heute sind gute Mütter. Denn Mutterliebe hängt nicht nur von Hormonen ab, sondern von vielen Variablen: der eigenen Biographie, der Unterstützung durch familiäre oder gesellschaftliche Netzwerke, den Umständen, der Zeit und dem Ort, in dem wir leben. Betrachten wir also ganz gelassen die Forschungsergebnisse der Anthropologen, Biologen und Historiker und lassen uns von ihnen in unseren individuellen Strategien stärken. Wenn wir unsere Kinder lieben, tun wir das aus freien Stücken. So finden wir unseren eigenen Weg zum Mutterglück.

Ein Tagebuch bewahrt die Erinnerungen an die erste Zeit

Eine Familie wird geboren – Vater, Mutter, Kind

Familie im Wandel der Zeiten

Stellen wir uns einmal vor, dass „Familie" ein Produkt im Supermarkt ist. Wie sieht die Werbung dafür wohl aus? Welche Werte würden wir ihr zuordnen? Wahrscheinlich die konservativen. „Stabil! Wertvoll! Gute Qualität!", steht auf ihren Werbeplakaten. Und ihr Slogan könnte heißen: Auch wenn sich alles verändert – Familie bleibt.

Stimmt das denn? Ein Blick in die Vergangenheit zeigt, dass Familie sich im Lauf der Geschichte allen soziokulturellen und ökonomischen Veränderungen anpasste. Das Aufbrechen der Klassen- und Standesnormen, die Infragestellung der kirchlichen Autorität und schließlich zwei Weltkriege veränderten Werte und Gesetzmäßigkeiten der Familie. Später stellten Studenten und bewegte Frauen das traditionelle Bild der Familie und die klassische Rollenverteilung infrage.

Heute ziehen im Zuge der Globalisierung moderne Nomaden um die Erde, weil andernorts attraktive Arbeitsplätze locken. Dadurch leben viele junge Familien nicht mehr da, wo sie ursprünglich herkommen. Sie nehmen ihre Familien-Werte mit an den neuen Ort, wo sie mit den dort ansässigen Idealen und Eigenheiten zusammenstoßen.

Familie kann so vieles bedeuten: verwandt, aber nicht zusammenwohnend, zusammenwohnend, aber nicht verwandt – ein bunt zusammengewürfeltes Päckchen von Zärtlichkeit und ökono-

Kontakt mit den Großeltern dank moderner Technik

mischer Not, Verwandtschaft und enger Bindung, ist das, was wir heute Familie nennen. Wir stehen zum ersten Mal in der Geschichte vor einer Wahl: Wir müssen uns entscheiden, welches Familien-Konzept für uns das richtige ist.

> *„Für mich ist Familie ganz wichtig – meine Eltern haben mir einen Ort gegeben, an dem ich mich in Ruhe ausprobieren und entwickeln konnte, und das möchte ich meinen Kindern auch mitgeben. Wir heiraten im Sommer und wollen mindestens drei Kinder!"*
> Luise und Max, beide 28

Gaben früher Kirche und Standesregeln den Takt vor, beeinflussen heute die Werte und Regeln unserer Kindheit und Erwachsenenzeit und unsere eigenen Wünsche die Wahl. Die meisten von uns starten voller Hoffnung in dieses große Abenteuer. Allerdings ist die „klassische Familie" immer noch der Standard. Viele junge Leute heiraten mit dem Ziel, Kinder zu bekommen. Der Anteil der nichtehelichen Lebensgemeinschaften mit Kind oder Kindern in Deutschland ist allerdings in den letzten zehn Jahren um 30 Prozent gewachsen.

„Nach neun Jahren Ehe und zwei Kindern haben wir uns scheiden lassen und beide neue Partner kennen gelernt. Meine Ex-Frau hat nun noch ein Kind. Die alten und die neuen Partner mögen sich ganz gerne. Wir feiern alle zusammen Weihnachten und machen gemeinsame Sommerfeste. Die Kinder sind happy damit. Ich bin stolz, dass wir das so hinbekommen haben."

Bernd, 49, mit Lotte und Lara

Patchwork, allein oder „bunt"

Der Begriff erinnert an die bunten Decken aus zusammengewürfelten Quadraten, die zu einem großen Viereck zusammengenäht werden. Mit Sorgfalt wurden Muster ausgesucht, die vorher zu ganz anderen Textilien gehörten, in der Hoffnung, dass am Ende ein harmonisches Werk herauskommt. Patchwork-Familien funktionieren ähnlich. Aus anderen Familien kommend, zusammengewürfelt, haben sich die Erwachsenen für dieses neue Muster entschieden. Wird es allen gefallen? Wird es wärmen? Wird es Geborgenheit vermitteln?

Die Patchwork- oder Stieffamilie umfasst oft mehrere Haushalte, wenn die Kinder ihre Zeit bei den verschiedenen Elternteilen verbringen. Viele Varianten sind möglich: Stiefmutter-Familien, Stiefvater-Familien, Familien mit gemeinsamen Kindern und jeweils eigenen Kindern, die nur am Wochenende bei der Familie leben, und Kinder, die dauerhaft bei der neuen Familie wohnen. Die Chance, dass das Wagnis Stieffamilie gelingt, wächst, wenn ähnliche Werte zusammenkommen und der dazukommende Erwachsene nicht als Ersatz für den alten Partner präsentiert wird oder von sich aus die Elternrolle übernehmen möchte.

Auch Regenbogenfamilien sind heute gängige Modelle. Es bedeutet, dass mindestens ein lesbischer, schwuler oder bisexueller Erwachsener ein Kind aufzieht. In Deutschland wachsen zurzeit etwa 16 000 Kinder in solchen Familien in ebenso sicherer Bindung und seelischer und körperlicher Gesundheit wie Kinder heterosexueller Eltern auf. Es gilt auch hier: Sind die Eltern am Wohl ihrer Kinder interessiert, ist die Bindung zwischen Kindern und Eltern gut, hat der Nachwuchs die besten Chancen auf eine positive seelische und körperliche Entwicklung.

Ein-Eltern-Familien machen in Deutschland etwa 20 Prozent aller Familien aus. Sie leben überdurchschnittlich oft in Großstädten, und von zehn Alleinerziehenden sind neun weiblich. So vielfältig die Ursachen fürs Alleinerziehen, so unterschiedlich die Lebensrealitäten. Und so verschieden wird das Alleinerziehen auch erlebt. Rund ein Viertel aller Ein-Eltern bewertet ihre Lebensform positiv.

„Mein Mann ist gestorben, als der Kleine gerade 2 Monate alt war. Das war sehr schwer für mich. Meine Mutter hat mich damals unterstützt. Irgendwann wollte ich mit Ben aber nicht immer allein zu Hause bleiben, dann haben wir verschiedene Gruppen besucht – meinen Rückbildungskurs, Baby-Massage, meinen FABEL-Kurs. Die Gruppen haben uns ein Stück weit in die Welt zurückgebracht. Heute treffen wir uns immer noch regelmäßig, ein paar aus dem Kurs gehören heute zu meiner „neuen Familie."

Irene, 42, mit Ben, 3

Wir gehören zusammen!

Etwa drei Viertel der Alleinerziehenden sind mit ihrer Situation unzufrieden, vor allem wegen der schwierigen finanziellen Situation und fehlender oder nicht qualifizierter Kinderbetreuung.

All das tragen sie überwiegend ohne die Unterstützung eines Partners – manche sind froh, dass sie ihre Entscheidungen allein treffen können, viele aber vermissen die Unterstützung eines Lebensgefährten. Umso wichtiger sind Netzwerke für Alleinerziehende – eben nicht nur die Familie, sondern auch Freunde, Nachbarn, andere Mütter und Väter.

„Meine Frau und ich haben uns keine Gedanken über die Zeit nach der Geburt gemacht. Über das Seufzen und Jammern im Freundes- und Kollegenkreis habe ich vorher manchmal geschmunzelt. Heute weiß ich, wie arrogant das war. Brigitte und ich sind im ersten Lebensjahr unseres Kindes so oft aneinandergeraten – ich habe mehr als einmal an unserer Liebe gezweifelt. Mittlerweile leben wir wieder gut miteinander, aber es hat viele Gespräche und auch Kämpfe und Tränen gekostet.“
Jörn, 36, mit Valerie

Vorbereitung auf das Elternsein

Familie ist ein flexibles und hilfreiches, ja notwendiges System, das die Menschen bis heute in ihrer Geschichte begleitet. Die meisten Menschen wünschen sich und erleben in der Familie Geborgenheit und Unterstützung in Krisensituationen. Sie ist aber oft auch ein emotionales Minenfeld: Familie kann ganz schön anstrengend sein.

Wie lassen sich diese hohen Erwartungen umsetzen, wenn eine neue Familie geboren wird? Wie finden sich die jungen Eltern mit der neuen Rolle als Mutter, als Vater zurecht? Welche Werte wollen sie ihren Kindern vermitteln? Eben waren sie noch Mann und Frau, ein Liebespaar – jetzt sind sie Eltern. Diese Entwicklung kann einige Überraschungen mit sich bringen. Es ist eine gute Vorbereitung aufs Familienleben, wenn sich werdende Eltern darüber Gedanken machen, welche Folgen die Elternschaft für ihr Leben haben kann; indem sie sich z.B. von ihren Erinnerungen und Erfahrungen aus der eigenen Kindheit erzählen – was davon möchten sie den eigenen Kindern mitgeben? Was hat ihnen selbst gut getan, was hat sie gestört? Warum mögen die eigenen Eltern das so und nicht anders gemacht haben? Dieses Auseinandersetzen mit Erinnerungen ist eine gute Basis für das Leben mit dem eigenen Kind.

Gemeinsamkeiten wiederentdecken

Wenn eine neue Familie entsteht, ist es wichtig, die Partnerschaft nicht aus den Augen zu verlieren. Dazu gehört, sich immer wieder „nur“ als Mann und Frau zu sehen und zu erinnern, was an ihm, an ihr schon vorher attraktiv war und heute vielleicht nur unter müden Augenringen verborgen ist. Auch einmal die partnerschaftlichen Gefühle in den Vordergrund rücken, das ist: leicht gesagt und oft so schwer getan, denn es ist normal, wenn im Alltag mit Kleinkind(ern) keine Zeit bleibt, etwas für sich selbst und auch für den andern zu tun. Und viel zu schnell wird die Verabredung mit dem Partner verschoben: auf morgen, auf die nächste Woche, oder wann „es eben mal passt“. Verabreden Sie sich deshalb regelmäßig zu zweit und halten Sie sich verlässlich daran.

In den Kalender: Der Paar-Termin

Planen Sie einfach einmal: zur Baby-Schlafenszeit im Wohnzimmer treffen und kuscheln. Den andern in Ruhe anschauen: Da sind ja kleine Lachfältchen! Und die Sommersprossen auf seiner Hand hatte ich schon fast vergessen … Die Paar-Termine sind ebenso wichtig wie die regelmäßigen Untersuchungen beim Kinderarzt. Sie werden vielleicht manchmal auf dem

Wenn Sie ein weiteres Kind erwarten

Kommt ein weiteres Kind in die Familie, ist der Übergang nicht immer einfach. Die folgenden Tipps können ihn zumindest erleichtern. Das Wichtigste zuerst: Erwarten Sie nicht, dass von Anfang an alles rund läuft. Ihr erstes Kind erschrickt vielleicht

Nur mal zu zweit sein, ist wunderbar

Sofa einschlafen. Sie werden beim anregenden Gespräch ans Kind denken, und die Milch schießt ein. Aber es wird auch viele gute Momente geben, lustige, zärtliche. Und die halten die Partnerschaft lebendig.

oder wird wütend, wenn es merkt, dass das Kleine nicht mehr verschwinden wird. Das ist verständlich. Stellen Sie sich vor, Ihr Partner würde Sie darüber informieren, dass es jetzt eine neue Frau in der Familie gibt. „Schau mal, hier ist die Brigitte. Sie wohnt jetzt auch bei uns. Ich liebe dich deshalb nicht weniger", sagt er. Und: „Du kannst dich jetzt mit ihr beschäftigen." Das wäre doch eine Zumutung!

Lassen Sie Ihr Kind an der Schwangerschaft teilhaben. Machen Sie es sich mit Ihrem Kind auf dem Sofa gemütlich, lesen Sie vor, und schauen Sie sich gemeinsam Bücher an. Erzählen Sie ihm, wie es war, als Sie mit ihm schwanger waren, zeigen Sie Bilder aus dieser Zeit („So sah das aus, als du in meinem Bauch gewachsen bist!"). Beziehen Sie Ihr Kind in die Vorbereitungen mit ein, z.B. beim Einrichten der Wiege

Hallo, kleine Schwester!

oder beim Aufhängen eines Mobile für das Baby. Bei einem sanften Übergang in allen Bereichen erfährt Ihr großes Kind trotz aller Veränderungen, dass sein Platz in der Familie sicher bleibt.

Es tut gut, wenn Sie Freunde und Verwandte besuchen, bei denen gerade ein Baby geboren wurde. Bitten Sie im Gegenzug die Menschen, die zu Ihnen nach Hause kommen, sich zuerst nach dem Befinden des älteren Kindes zu erkundigen, vielleicht auch eine Kleinigkeit mitzubringen. Das gilt noch mehr nach der Geburt des neuen Babys.

Gemischte Gefühle sind erlaubt

Oft wollen die Großen wieder klein sein, wenn weiterer Nachwuchs da ist. Warum nicht? Wenn Sie das zulassen, wird das Ältere schnell merken, dass die Milch aus der Brust nicht mehr schmeckt und eine Windel ganz schön unbequem ist. Und dass es Vorteile hat, groß zu sein: Loben Sie Ihr Kind, wenn es bei der Babypflege hilft oder sanft zum Baby war. Vielleicht finden Sie jeden Tag eine Gelegen-

Früher haben wir Kinder anders gebadet!

glätten. Und sobald sich das Jüngere nach ein paar Monaten dem Älteren zuwendet, es wahrnimmt und anstrahlt, wie es nur ein jüngerer Bruder oder eine jüngere Schwester machen kann, siegt die Freude. Denn wer liebt es nicht, angehimmelt zu werden? Und das machen die Kleinen – jahrelang. Was danach kommt, ist eine andere Geschichte.

Enkel, Kinder, Großeltern

Wer Vater oder Mutter wird, nimmt auch seine eigene Kindheit noch einmal in den Blick: Welche Werte möchte ich meinem Kind vermitteln? Welche Regeln wird es geben? Diese Fragen orientieren sich auch daran, was man selbst als Kind erlebt hat. Schwangerschaft, Geburt und Kindheit sind heute meist anders und werden anders gelebt als in unserer Großelterngeneration. Auch die Themen „Verwöhnen", „Schreien lassen" oder „Stillen und Beikost" werden heute anders bewertet.

Großeltern – eine Bereicherung trotz unterschiedlicher Ansichten
Manchmal ist es schwer, den eigenen Eltern zu erklären, dass Dinge heute anders gemacht werden als zu ihrer Elternzeit. Denn sie fragen

heit, etwas Schönes mit dem großem Kind zu machen (z. B. wenn das Baby schläft oder beim gemeinsamen Spazierengehen). Einmal in der Woche „Exlusivzeit" mit Mama oder Papa hilft erfahrungsgemäß, die Wogen zu

---

Wissenswertes über Geschwistergefühle

⮑ Liebe zwischen Geschwistern wächst, aber das braucht seine Zeit.

⮑ Eifersucht unter Geschwistern ist ebenso alltäglich wie Zuneigung

⮑ Freuen Sie sich: Das Eltern-Sein müssen Sie nicht mehr lernen. Lassen Sie Ihr großes Kind auch mal klein sein, wenn es das jetzt möchte.

⮑ Machen Sie kein Drama aus den widersprüchlichen Gefühlen.

⮑ Nehmen Sie sich Zeit für das ältere Kind, wann immer das möglich ist.

„Ich hatte nie ein besonderes Verhältnis zu meinen Schwiegereltern, weder gut noch schlecht. Aber seitdem unsere Tochter auf der Welt ist – ihr erstes Enkelkind! – tauchen sie fast jedes zweite Wochenende bei uns auf, oft auch unangekündigt. Dann nehmen sie sofort die Luise in den Arm, und wenn sie weint, beschweren sie sich bei mir darüber. Ich bin echt sauer, aber mein Mann lässt seine Eltern einfach machen und regt sich darüber nicht auf. Wir haben immer wieder Krach deshalb."
Christiane, 30, mit Luise

damals auch schon Dinge anders gemacht als ihre Eltern?

Sicher werden Sie nicht in allen Bereichen immer übereinstimmen oder die eigenen Eltern vom Sinn der „neuen Erziehungsmethoden" überzeugen können. Das muss auch gar nicht sein. Im Gegenteil: Ihr Baby erlebt im Zusammensein mit anderen Menschen unterschiedliche Verhaltensweisen, lernt unterschiedliche Werte kennen. All das ist eine Bereicherung für Ihr Baby und hilft ihm, auch später mit anderen Menschen umgehen zu können. Dabei müssen Großeltern authentisch sein, um zu ihrem Enkelkind eine Bindung aufbauen zu können – natürlich in einem bestimmten Rahmen, den Sie vorgeben.

sich: „Wenn man es heute so macht, hab ich es damals falsch gemacht?" Machen Sie sich klar, dass alle Eltern zu jeder Zeit nur das tun wollen, was für ihre Kinder richtig ist. Das galt auch für die eigenen Eltern – die wiederum akzeptieren müssen, dass heute andere Vorstellungen gelten; vielleicht haben sie ja

Herzlich willkommen, liebes Enkelkind!

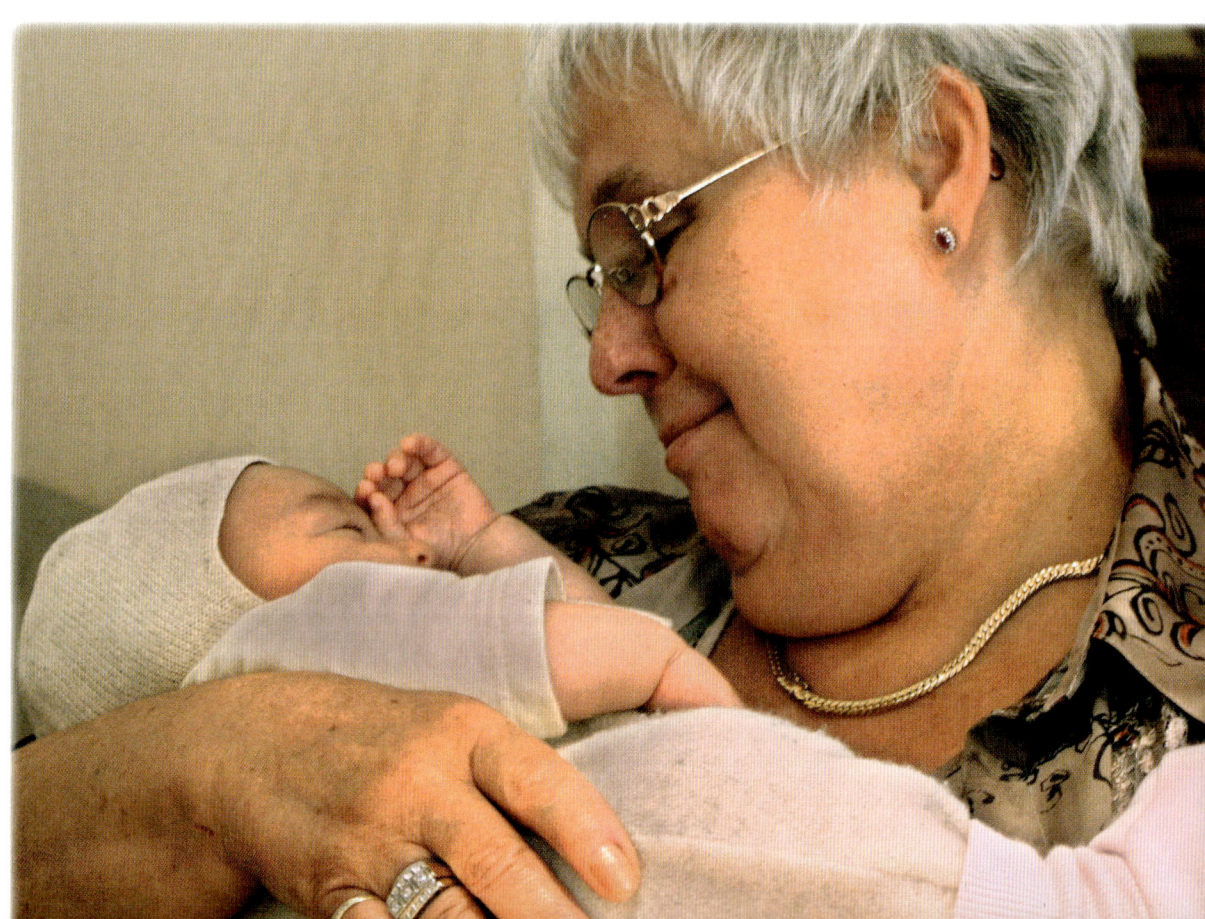

Körper und Körperlichkeit

Auch wenn Sie Ihr Kind schon vor ein paar Wochen oder Monaten geboren haben – die Erinnerung an die Gefühle, an die erwarteten oder nicht erwarteten Erlebnisse werden Sie noch lange begleiten. War die Geburt so, wie Sie sich das vorgestellt hatten? Jede Geburt verläuft einzigartig und individuell, und manche sind nicht so sanft oder beglückend wie vorher ausgemalt. Das verletzt viele Frauen eine lange Zeit.

Es gibt viele Möglichkeiten, aus einem schwierigen Start den Beginn einer wunderbaren Familiengeschichte zu machen. Auch eine traumatische Geburt lässt sich verarbeiten, Tränen können getrocknet, seelische und körperliche Wunden geheilt werden. Wenn nur wenig Bindungshormone direkt nach der Geburt produziert werden, ist das nicht schlimm. Die Synchronisation zwischen Mutter und Kind beginnt dann eben später. Lassen Sie sich nicht von einem schwierigen Start entmutigen. Eltern und Kind bringen alle Voraussetzungen mit, eine sichere Bindung auch im Lauf der ersten Tage, Wochen und Monate wachsen zu lassen.

Besonders hilfreich für Mütter ist das Stillen. Wer sein Kind stillt, versorgt es nicht nur mit Nahrung, sondern auch mit Körperkontakt und jeder Menge Schmuseeinheiten – Tätigkeiten, die nachweislich für die Entstehung des Liebeshormons Oxytocin sorgen. Das ist heilend für Mutter und Kind. Sprechen Sie miteinander als Eltern, aber auch mit dem Kind. Weinen Sie: Durch die Tränenflüssigkeit werden Stresshormone abgebaut. Sum-

men oder singen Sie: Das sorgt für ein gutes Körpergefühl und stabilisiert Ihren Atem. Bleiben Sie während der Zeit des Frühwo-

> *„Auf einmal wurde ein Notkaiserschnitt notwendig. Nachdem meine Tochter geboren war, hat sie kurz aufgeschrien und wurde sofort weggebracht. Ich war ganz panisch, denn niemand konnte mir sagen, wie es meinem Kind geht. Erst eine halbe Stunde nach der Geburt kam die Hebamme zu mir und sagte, dass alles in Ordnung sei. Es war schrecklich, und ich habe lange gebraucht, um das zu verarbeiten. Mit dem Stillen hat es aber gleich geklappt, das hat mir geholfen."*
> Andrea, 39, mit Anna

chenbettes so oft es geht im Bett, und genießen Sie die Zeit zu dritt. Massieren Sie Ihr Baby und sich als Eltern gegenseitig, denn Körperkontakt baut Stress ab. Holen Sie sich die Unterstützung einer verständnisvollen Hebamme und von Freunden. Und gehen Sie nach den ersten Wochen wieder unter die Leute. Die positiven Erfahrungen sorgen dafür, dass der schwierige Start nicht vergessen, aber in eine gesunde Relation gesetzt werden kann. Und das tut Ihnen und der ganzen Familie gut.

Sich neu finden im eigenen Körper

„Nach der Geburt ist der Bauch (fast) wieder weg und mein Körper wieder der alte", das denken die meisten Frauen. Ganz so ist es nicht, der Körper beschäftigt sich noch länger mit den Folgen der Geburt: Es fließt der Wochenfluss ebenso wie der Schweiß, und vielleicht fließen auch die Tränen. Dazu kommen angespannte Muskeln im Nacken, Rücken oder Beckenbereich, die erst nach Tagen locker werden, Schwellungen oder ein Bluter-guss, die vielleicht nur langsam verheilen. Je nachdem, wie die Geburt verlaufen ist, kann sich Ihr Körper wund und fremd anfühlen – vielleicht waren die Schmerzen sehr stark, oder die Eingriffe in persönlichste Bereiche erlebten Sie als verletzend.

Rückbildungsübungen machen auch gemeinsam Spaß

Es kann ein paar Tage oder Wochen dauern, bis Sie wieder ein selbstverständliches normales Körpergefühl entwickelt haben. Denn eine Geburt ist ein einzigartiges Ereignis, das der mütterliche Körper mit höchster „Schubkraft" absolviert – übrigens unabhängig davon, ob das Kind vaginal oder per Kaiserschnitt geboren wurde.

Körperwahrnehmung ist mehr als Gymnastik

Ganzheitliche Rückbildung ist nicht nur medizinische Notwendigkeit, sondern auch eine gute Möglichkeit, den Körper wahr- und wieder anzunehmen. Er hat Ihr Kind zur Welt gebracht! Er nährt es mit seiner süßen Milch! Er ist noch weich und offen, ein Hort der Geborgenheit für Ihr Kind. Damit er sich von den Anstrengungen der Geburt erholt, beginnen Sie mit sanften Übungen, die die Rückbildung der Gebärmutter unterstützen und den Beckenboden nach und nach festigen. Mit diesen Bewegungen lindern Sie Verspannungen und Muskelkater. Nach sechs bis acht Wochen können Sie einen Rückbildungskurs besuchen. Achten Sie dabei auf den Hinweis Rückbildung/Neufindung® oder GfG-Kurs, der Ihnen ganzheitliche Übungen und Kursinhalte bietet.

Meine Partnerin – Mutter meines Kindes

Vielleicht sind Sie als Mann überrascht, wie der Körper Ihrer Frau auf die Geburt reagiert hat. Ihre Partnerin hat weiche Rundungen an Hüften und Bauch, einen vollen Busen. Sie ist vielleicht so eng mit dem Baby verbunden, als wäre das Kind noch nicht geboren. Sie möchte gehalten werden, während Sie sich der neuen Verantwortung für die junge Familie bewusst werden und auch Unterstützung brauchen. Sie bekommt das Lob und die

Eine Familie ist geboren

Glückwünsche – und was ist mit Ihnen? Eifersucht macht sich vielleicht bemerkbar. Und es gibt einiges, worauf man eifersüchtig sein kann: Auf die Partnerin und ihre Fähigkeit zu stillen, auf die intime reflexartige Nähe zum Kind. Auf das Baby, das die Aufmerksamkeit der Partnerin beansprucht, auf sein Anrecht auf ihre Brust, die Sie womöglich noch nicht einmal berühren dürfen. Sie fühlen sich ausgeschlossen durch diese Mutter-Kind-Beziehung. Umso wichtiger ist es in dieser Zeit, in Kontakt zu bleiben. Das gefährliche an Eifersucht ist nicht, sie zu haben, sondern diese Gefühle zu vergraben.

Hilfe zum Greifen nah

Es gibt ein einfaches Mittel, um sich besser zu fühlen: Nehmen Sie sobald wie möglich Kontakt zum Baby auf, am Besten schon gleich nach der Geburt. Nehmen Sie auch Ihre Frau in die Arme, und lassen Sie sich umarmen. Gegenseitige Rückenmassagen bringen Sie einander näher und helfen außerdem, verspannte Muskeln zu lockern. Gratulieren Sie sich gegenseitig zur Geburt dieses wunderbaren Babys und zur Geburt Ihrer neuen Familie.

Bewegungen machen munter

Schlafen neu definieren

Über kein Thema wird von jungen Eltern so viel gesprochen, gelesen und manchmal auch geweint wie das Schlafen bzw. das Nicht-Schlafen. Wer über einen längeren Zeitraum zu wenig Schlaf bekommt, wird krank. Es ist deshalb erstaunlich, wie lange junge Eltern mit wenig Schlaf auskommen. Hier hat Mutter Natur die stillenden Mütter eindeutig bevorteilt: Wer stillt, produziert Hormone, die mangelnden Schlaf ausgleichen, zu Ruhephasen am Tag einladen und Frauen in die Entspannung bringen können. Auch Väter und nicht stillende Mütter produzieren jene Hormone (wenn auch nicht in der gleichen Menge).

Schlafen will gelernt sein

Die Entwicklung des Schlafes ist ein Reifeprozess, der vielen Einflüssen unterworfen ist – dadurch kann es immer wieder zu Einbrüchen kommen. Unsere Schlafenszeit wird geprägt durch Phasen von oberflächlichem und tiefem Schlaf. Bei kleinen Babys sind die Schlafphasen vergleichsweise kurz (ca. 50 Minuten lang), und die oberflächlichen Schlafphasen kommen viel häufiger vor als

---

Schnelle Hilfe bei Schlafproblemen

Das können Anzeichen von Müdigkeit sein: Kind blickt zur Seite, wird zappelig, ist unkonzentriert, macht schrille, quengelige Geräusche, reibt sich Augen und Ohren, hat rote Wangen oder einen starren Blick.

Pucken

Pucken kann eine wunderbare Hilfe sein, Babys zu beruhigen und ihnen beim Einschlafen zu helfen. Diese Wickeltechnik vermittelt ein Gefühl von Nähe wie im Mutterleib. Pucken ist einfach: Lassen Sie sich die Technik von einer GfG-Familienbegleiterin oder Hebamme zeigen.

bei Erwachsenen. Deshalb wachen Babys auch leichter auf. Neugeborene und kleine Babys überprüfen, ob alles in Ordnung ist und ob sie nicht allein sind. Sie brauchen noch Mamas oder Papas beruhigende Hand auf ihrem Bauch und eine bekannte Stimme, die sagt „Alles ist gut, wir sind da."

Babyschlaf ist etwas ganz besonderes

Elternschlaf und Kinderschlaf sind nicht genau gleich. Liegt das Kind aber im Bett der Eltern oder in einem Beistellbett neben ihnen, nähern sich die Schlafphasen einander an. Um das Baby noch etwas mehr an den Nacht-Tag-Rhythmus zu gewöhnen, helfen unterschiedliche Signale z. B. Helligkeit und Dunkelheit oder der „gesprächige" Kontakt mit der Familie und die nächtliche Stille. Das

Hungersignal

kindliche Schlafverhalten hängt von der Entwicklung seines Gehirns ab und kann weder durch Schreien-Lassen noch durch andere Maßnahmen „gefördert" werden. Auch sollten Babys schon bei ersten Müdigkeitszeichen immer hingelegt werden.

Wenn die Nacht zum Tage wird …

Wenn das Schlafen zum Problem wird, fragen Sie sich zunächst: Wie stellt sich die Situation jetzt für mich dar, und wie soll sie sein? Darauf gilt es, sich einzurichten. Manche Eltern gewöhnen sich an das nächtliche Aufwachen. Wenn das aber für Sie nicht möglich ist, beginnen Sie frühestens nach sechs Monaten, das Kind an längere Schlafenszeiten zu gewöhnen, indem Sie z. B. Füttern von Schlafen trennen. Oder wenn Sie mit dem Kind vor dem nächtlichen Ins-Bett-Gehen eine längere Wachpause einlegen. Kümmern Sie sich nicht um das, was andere Eltern und Familienangehörige Ihnen einreden wollen. Es gibt viele Wege zur Ruhe, und Sie müssen den gehen, der für Ihre Familie richtig ist.

Eltern und Kind im Dialog

Das Baby kann schon in der Gebärmutter am Daumen nuckeln, blinzeln oder seine Nabelschnur festhalten. Gegen Ende der Schwangerschaft wird die Hülle enger, und das Kind wird ständig berührt und massiert. Da die Mutter läuft, sich bückt oder dreht, ist auch das Kind ständig in Bewegung. Das bedeutet: Schon vor der Geburt werden die Sinne des Babys stimuliert, und indem sie stimuliert werden, können sie sich weiterentwickeln. Nach vielen Wochen im warmen Fruchtwasser spürt das Kind, dass sich die Gebärmutter zusammenzieht. Diese Wehen sind für das Kind eine neue Erfahrung. Und wenn das Baby den Druck spürt, der über Stunden in Wellen kommt und geht, aber am Ende immer präsent ist, strampelt es und stößt sich mit den Füßen ab. Das Baby muss sich mehrfach drehen und beugen und gelangt schließlich nach draußen. Draußen – was bedeutet das für ein gerade geborenes Baby?

Mamas Herzschlag ist beruhigend

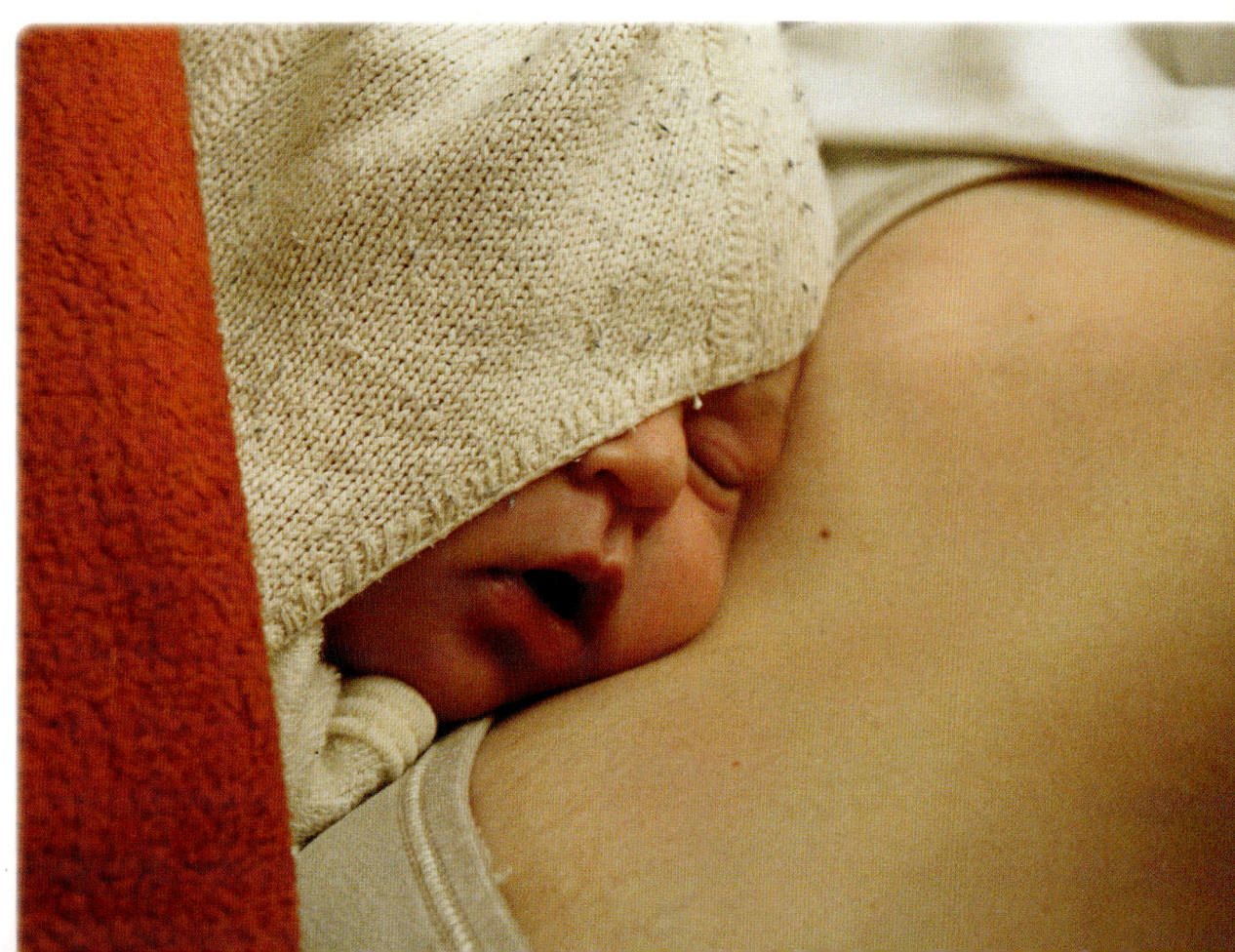

Der erste Meilenstein: *Die Geburt*

Die FABELhafte Welt des Babys

Die Geburt ist geschafft: Ihr Kind ist bei seinen Eltern angekommen. Liegt es auf Bauch oder Brust der Mutter, zeigt es oft an, dass es trinken möchte: Es bewegt den geöffneten Mund suchend und kann sich aus eigener Kraft zur Brust bewegen. Die Muttermilch ist süß und entspricht genau den Vorlieben des Babys. Auch verschiedene Gerüche kann es auseinanderhalten und wiedererkennen – ganz besonders den Geruch seiner Mutter. Und auch den Vater nimmt es eindeutig wahr: nach etwa einer Woche hört das Baby die Stimme des Vaters lieber als andere Männerstimmen.

Die FABELhafte Welt der Mutter

Unmittelbar nach der Geburt wird die Mutter mit unterschiedlichen Gefühlen konfrontiert: Freude, Angst vor dem Neuen, unglaubliche Glücks- und Liebesgefühle und Erschöpfung wechseln sich ab. Ihr Körper zittert vielleicht vor Kraftverlust. Trotzdem ist sie hellwach

Das erste Stillen – ein besonderer Moment

Bindung von Anfang an

„Ich weiß noch, dass ich die erste Zeit immer an Max geschnuppert habe – ich konnte nicht genug bekommen von seinem ganz speziellen Baby-Duft. Und auch später noch, wenn ich müde oder erschöpft war in den ersten Monaten, habe ich an ihm gerochen und richtige Glücksgefühle im Körper gespürt."
Lena, 22, mit Max

und bereit, ihr Kind mit allen Sinnen wahrzunehmen.

Beginnt das Kind an der Brust zu saugen, zieht sich die Gebärmutter zusammen, und die Plazenta wird geboren. Durch die Kontraktionen verschließen sich die Blutgefäße im Uterus, und die Blutung nimmt ab. Durch das Saugen wird auch die Bildung von Prolaktin angeregt, dem Milchbildungshormon.

Die FABELhafte Welt des Vaters

Nach der Geburt spürt der Vater große Erleichterung: Mutter und Kind sind wohlauf! Intensive Gefühle kommen auf, manchmal fließen Tränen. Vor und nach der Geburt lassen sich auch bei ihm erhöhte Werte von Prolaktin und Östrogenen nachweisen, also von bindungsfördernden Hormonen. Das beweist, dass auch sein Körper sich darauf vorbereitet, feinfühlig auf alle Signale des Babys zu reagieren. Es liegt vielleicht auf dem Bauch der Mutter, aber er kann es anfassen, berühren, streicheln. Möglicherweise wird er aufgefordert, die Nabelschnur zu trennen – ein Hinweis, dass die Bindung von Mutter und Kind nicht mehr exklusiv bleiben wird.

Sinnlicher Körperkontakt von Anfang an

Sobald das Kind geboren ist, nimmt es alles Vertraute in seiner Umgebung wahr, wie die Stimme der Eltern, den Geschmack und den Geruch der Mutter. Wenn unsere Sinne direkt nach der Geburt mit Vertrautem in Kontakt kommen, gibt das große Sicherheit. Kinder mit engem Körperkontakt zur Mutter schreien weniger als Kinder, die in einem eigenen Bett liegen. Auch regulieren sie ihre Körpertemperatur besser und schneller.

Für den Vater ist Nähe zum Kind ebenso wichtig. Die Berührung der zarten Babyhaut vermittelt Nähe und Geborgenheit. Stresshormone im väterlichen und kindlichen Organismus werden abgebaut. Sind

„Mein erstes Gefühl war eine riesengroße Erleichterung, dass es Mutter und Kind gut geht. Aber dann, als ich meine Tochter baden durfte und sie mich angesehen hat mit ihren blauen Augen, habe ich eine wahnsinnig intensive Verbindung zu ihr gespürt. Es war so eine Empfindung, als ob wir uns beide gleich erkannt hätten."
Hans, 29, mit Sophie

Körperkontakt: wichtig für Eltern und Kind

unter der Geburt Komplikationen aufgetreten und die Mutter kann das Kind nicht unmittelbar nach der Geburt halten, können Väter diese Rolle übernehmen und das Kind geborgen und in engem Hautkontakt auf der Welt begrüßen.

Reime, Lieder, Spiele: am Anfang noch ganz sanft

Diese erste Zeit steht ganz im Namen der Kontaktaufnahme. Der wichtigste Sinn dafür ist der Tastsinn. Legen Sie Ihr Baby auf Ihre Brust und Ihren Bauch und streicheln es liebevoll. Untersuchungen an Frühgeborenen zeigen, dass auch sie von einer täglichen Massage profitieren: Sie nehmen schneller zu, sind wacher und aktiver und werden früher aus dem Krankenhaus entlassen als die Kinder von Vergleichsgruppen.

Zarte Streicheleinheiten für Haut und Seele

Am Anfang reicht es, wenn Sie Ihr Kind ohne Öl massieren. Wärmen Sie den Raum vor, suchen Sie einen Platz aus, der bequem für Sie ist und auch für Ihr Baby. Manche Kinder sind von der Nacktheit am Anfang überfordert: Sie fühlen sich in einem Body wohler. Vielleicht haben Sie ein Schaffell oder eine andere kuschelige Unterlage, auf die Sie Ihr Kind legen können?, Reiben Sie Ihre Hände vor der Massage aneinander, damit sie eine angenehme Temperatur haben. Streichen Sie ganz sanft vom Kopf über die Schultern und Arme, den Brustkorb und Bauch, über die Beine bis zu den Füßen. Damit geben Sie dem Baby ein Gefühl für die Grenzen des eigenen Körpers.

Streichen Sie dann jeden Körperteil einzeln aus: den linken Arm, den rechten Arm, das linke Bein, das rechte Bein und abschließend noch einmal den gesamten Körper.

Sanft in den Schlaf begleiten
→ 💿 Nr. 1

Ihr Kind liebt Ihre Stimme und freut sich, wenn Sie zu ihm sprechen. Auch kleine Lieder findet es schön: Das Stresshormon Cortisol im Blut des Kindes sinkt deutlich, wenn es Sie hört. Schon jetzt sind Rituale wichtig, denn verlässliche Strukturen helfen dem Kind, sich an das neue Leben zu gewöhnen. Singen Sie daher jeden Abend ein Schlaflied vor. Nach kurzer Zeit weiß das Baby, dass das Schlaflied die Ruhezeit einleitet.

Von Anfang an im Dialog

Wenn Sie Ihr Kind von der Seite ansprechen, wendet es seinen Kopf in Ihre Richtung und blickt Sie an. Sie können auch beobachten, wie das Kind Ihre Mimik nachahmt: Strecken Sie doch einfach mal Ihre Zunge heraus. Wiederholen Sie dies einige Male hintereinander und beobachten Sie, wie Ihr Kind damit beginnt, die eigene Zunge zu bewegen. Diese Übung beweist, wie gut Ihr Baby bereits andere wahrnehmen und nachahmen kann.

Der zweite Meilenstein:
Vom Engelslächeln
zum strahlenden Blick

Die FABELhafte Welt des Babys

In den ersten Lebenswochen erfährt das Baby unglaublich viel Neues. Es braucht daher liebevollen Kontakt zu seinen Eltern, um sich an das Leben zu gewöhnen.

Das Baby muss sich sofort auf das Leben draußen einstellen: Es lernt das Gefühl des Hungers kennen, spürt den Unterschied von warm und kalt und muss vielleicht Bauchschmerzen aushalten. Auf all diese unterschiedlichen Situationen wird das Kind mit seiner eigenen Sprache reagieren: es brummt, wimmert oder nörgelt. Wenn wir das überhören, handelt es wie alle anderen kleinen Kinder auf der Welt: Es schreit – das Signal an die Eltern, dass jetzt schnell Hilfe nötig ist. Kein Wunder, dass das Baby am liebsten ganz in der Nähe seiner Betreuungspersonen bleiben möchte.

In den ersten Wochen entwickelt sich das Baby rasant: Es nimmt den Raum um sich herum visuell wahr, bewegt sich ausgeprägt und strampelt fröhlich mit Armen und Beinen. Liegt es auf dem Rücken, wird die Haltung zunehmend symmetrischer. Die Gliedmaßen sind lockerer, und die Hände öffnen sich so weit, dass der Daumen sich nach außen spreizt.

Ab etwa sechs Lebenswochen lächelt das Baby zum ersten Mal sein Gegenüber an. Und das ist ein bewusstes Fixieren: Ihr Baby blickt mit weit geöffneten, leuchtenden Augen in Ihre Augen – ein magischer Moment.

Die FABELhafte Welt der Mutter

Der Körper fühlt sich im frühen Wochenbett oft sehr fremd an: Durch die Geburt des Kindes und der Plazenta, durch den Verlust von Blut und Fruchtwasser sind ca. sechs kg Gewicht verloren gegangen, und in der nächsten Woche reduziert sich das Gewicht noch einmal. Ein Dammriss oder -schnitt, kleine Einrisse und Schürfwunden können schmerzen. Insgesamt dauert die Wundheilung vier bis sechs Wochen. Die Bezeichnung Wochen„bett" kommt daher nicht von ungefähr: Es ist eine Zeit der Schonung für Mutter und Kind.

Zwischen Liebe und Leere – wenn das Glück erst später kommt

„Voller Freude geben wir die Geburt unseres Sohnes Vincent bekannt (3500 Gramm, 52 cm). Wir sind stolz und glücklich …"

So oder so steht es auf den Karten, die zur Geburt verschickt werden. Die Botschaft ist klar: Das Baby ist da, wir sind glücklich! So soll es sein. Was aber, wenn es anders ist? Wenn bestenfalls Erschöpfung und Gleichgültigkeit, schlimmstenfalls Wut auf das Baby vorherr-

schen? Die Milch läuft, das Wundsekret fließt – und mit ihm die Tränen.

Junge Mütter sind oft im Widerstreit zwischen den hohen Ansprüchen, die sie selbst an sich stellen, und dem schmerzhaften Aufwachen in der Realität. Das Baby hält sich an keinen Plan. Es lässt sich nicht beruhigen. Das führt zur Verzweiflung, und dann fühlt sich die junge Mutter noch schlechter. Und das Baby weint weiter … Diese Spirale an negativen Gefühlen dreht sich immer schneller, und es gibt scheinbar kein Entrinnen.

Der *Baby Blues* ist die bekannteste Wochenbettstörung: Bis zu 80% aller im Krankenhaus gebärenden Frauen erleben sie, meist irgendwann zwischen dem dritten und fünfzehnten Tag nach der Geburt. Betroffene Frauen erleben starke Gefühlsschwankungen, haben Angst um die Gesundheit ihres Babys; sie leiden unter Albträumen und Müdigkeit, können gleichzeitig aber nicht mehr schlafen und müssen viel weinen.

Baby Blues ist nicht nur eine Folge der körperlichen Umstellung. Viele Frauen sind traurig, weil sie nun die erste Trennung vom Kind erleben und sich der großen Verantwortung bewusst werden, die sie für dieses kleine Wesen tragen werden.

Nach spätestens fünf Tagen, sagt die Statistik, ist der Spuk vorbei. Dennoch sollen betroffene Mütter, Partner, Freunde und das Klinikpersonal den *Baby Blues* ernst nehmen. Zur Heilung trägt bei, wenn die junge Mutter Unterstützung und Wertschätzung erfährt. Dazu gehört auch,

Einsam trotz Kind: Das Gefühl kennen viele Mütter

dass sie gut in die Stillzeit begleitet wird. Denn Frauen, die ihr Kind sicher stillen, erholen sich schneller von dieser Wochenbettstörung.

Verwirrende Gefühle nach der Geburt

Wenn nach etwa 14 Tagen der *Baby Blues* nicht verschwindet, besteht die Gefahr, dass sich eine schwierigere Wochenbettstörung entwickelt, die sogenannte *postpartale Depression* (PPD). Von ihr sind mindestens 10% und bis zu 30% aller Frauen betroffen, die Dunkelzifferrate ist noch viel höher. Oft sprechen die Frauen nicht über ihre Traurigkeit und ziehen sich immer weiter zurück. Die postpartale Depression kann im ganzen ersten Lebensjahr des Kindes auftreten.

> ### Merkmale einer PPD – nicht alle müssen zutreffen!
>
> ⊃ Erschöpfung
> ⊃ Einsamkeitsgefühle
> ⊃ Antriebslosigkeit
> ⊃ Ängste
> ⊃ Panikgefühle
> ⊃ Gleichgültigkeit
> ⊃ Schlafstörungen
> ⊃ Schuldgefühle
> ⊃ starke Gewichtszunahme

Unter PPD leiden außerdem Frauen, die höchste Ansprüche an sich stellen. Sie wollen schnell wieder ihre alte Figur zurück und mehr oder weniger ihr altes Leben wieder aufnehmen – nur eben mit Baby. Hinzu kommt der Druck durch Rollenvorbilder – all die schlanken Mütter in der Werbung, die Politi-

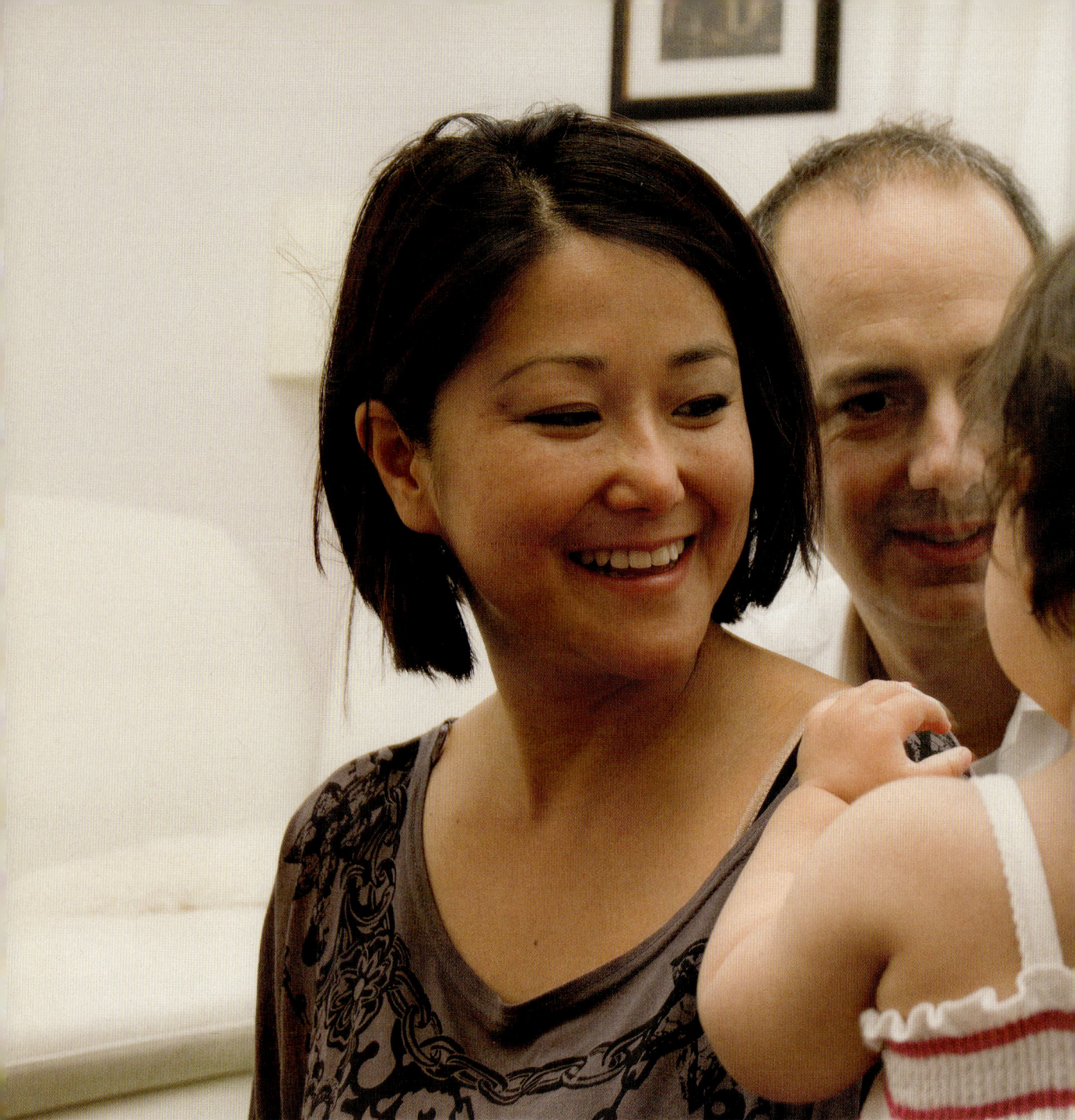

Und dann überwiegt wieder das Glück

kerinnen und Fotomodelle, die vier Wochen nach der Geburt wieder vor der Kamera stehen. Es gibt viele Ursachen für eine PPD, häufig kommen soziale, gesellschaftliche, psychische, körperliche oder hormonelle Faktoren zusammen.

Postpartale Psychosen müssen immer medizinisch behandelt werden

Die schwerste Form der Wochenbetterkrankung ist die *postpartale Psychose*. Sie tritt bei einer bis vier von 1000 Frauen auf – also ver-

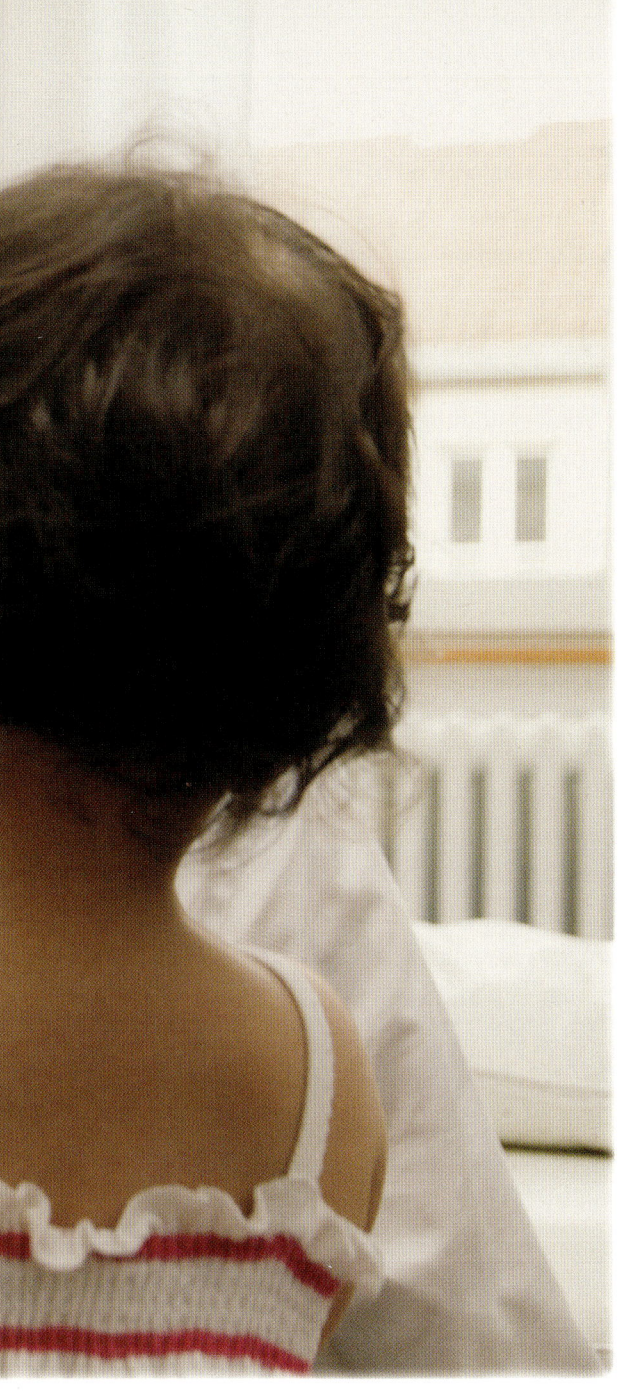

Kindes, der Frau und des Umfeldes steht hier ganz im Vordergrund, und es werden Entlastungs- und Unterstützungsangebote auf den jeweiligen Bedarf zugeschnitten.

Auch Väter sind betroffen

Viele Väter sind von dieser Situation überfordert. „Meine Frau weint die ganze Zeit, so kenne ich sie gar nicht!" Es entsteht eine schwierige Situation, die junge Familie ist verunsichert – in einer Zeit, in der sie Stabilität und Sicherheit nötig hätte. Bis zu 10% aller Väter leiden ebenfalls unter Depressionen nach der Geburt; sie tritt in der Regel etwa zwischen dem dritten und sechsten Lebensmonat des Kindes auf. Ein weiterer Hinweis darauf, dass Mütter und Väter in dieser ersten Zeit der Familienwerdung oft stark belastet sind, und eine Aufforderung an Freunde und Verwandte, aber auch Hebammen, Frauen- und Kinderärzte, immer die ganze Familie im Blick zu haben.

Wege zur Liebe

Es gibt immer Hoffnung auf Besserung. Die meisten jungen Familien wachsen Schritt für Schritt in die neue Situation hinein. Und

gleichsweise selten. Ihre Anzeichen: Halluzinationen und Wahnvorstellungen, massive Angstzustände oder Teilnahmslosigkeit. Die *postpartale Psychose* muss immer medizinisch behandelt werden. Oft ist auch eine stationäre Behandlung unerlässlich. Die Sicherheit des

> „ Mein Frauenarzt hat mir eine Broschüre über Depression nach der Geburt mitgegeben, in der verschiedene Internetadressen abgedruckt waren. Erst wollte ich davon nichts wissen, aber eines Abends habe ich mich an den Computer gesetzt und stundenlang in diesen Foren gelesen. Es war eine unglaubliche Erleichterung zu sehen, dass andere Frauen auch so unter Traurigkeit und Antriebslosigkeit leiden."
> Petra, 27, mit Jan

wenn das Glück sich nicht gleich einstellt, suchen Sie sich Unterstützung. Es tut gut, mit dem Partner ins Gespräch zu kommen. Wie erlebt er die neue Situation? Vielleicht können Sie gemeinsam klären, wie sich Überforderung und Anspannung lindern lassen. Im Internet finden Sie Foren von Selbsthilfegruppen; allein schon lesen zu können, wie viele andere Menschen davon betroffen sind,

> *„Ich war richtig neidisch auf meine Tochter, dass sie so selbstverständlich und nah bei meiner Frau lag. Neben dieser Intimität empfand ich mich als fünftes Rad am Wagen und hatte noch ein schlechtes Gewissen dabei! Schließlich konnte ich mit einem alten Freund darüber reden, dem es ähnlich ergangen ist. Und mit der Zeit haben meine Frau und ich auch Wege gefunden, uns wieder nahe zu sein".*
>
> Paul, 36, mit Anna

entlastet. Besonders wichtig ist es, aus der Isolation herauszukommen. Treffen Sie sich mit den Eltern, die Sie im Geburtsvorbereitungskurs kennen gelernt haben. Auch im Rückbildungskurs, im FABEL-Kurs oder bei der Baby-Massage gibt es Gelegenheiten zum Gespräch. Immer häufiger werden Kurse und Gesprächsrunden angeboten für Frauen, die eine schwere Geburt hatten und sich darüber austauschen möchten. Die Hebamme oder Familienbegleiterin kann Ihnen als kompetente Gesprächspartnerin aus der schwierigen Situation heraushelfen (➜ Adressen im Anhang). Wenn die Gefühle von Einsamkeit und Not aber auch nach Monaten nicht verschwunden sind, ist therapeutische und medizinische Hilfe sinnvoll.

Hilfe zur Selbsthilfe

Mithilfe des *Edinburgh Postnatal Depression Scale* Fragebogens kann jede Frau sich selbst ganz unkompliziert einschätzen. Sie finden die Skala unter der folgenden Internetadresse:

www.beyondblue.org.au/postnatal depression

Rituale für die Heilung

Die Heilung von seelischen und körperlichen Wunden ist fast immer möglich. Das Baderitual der Schweizer Hebamme Brigitte Meissner kann besonders nach Kaiserschnittgeburten für Mutter und Kind Nähe nachholen. Hierzu wird das Schlafzimmer angenehm geheizt und das Bett bequem mit Decken und Handtüchern ausgelegt. Mutter und Kind nehmen dann gemeinsam ein Bad. Im Anschluss wird das Kind noch nass auf Brust und Bauch der Mutter gelegt. Beide decken sich im Bett warm zu. Die Mutter spricht mit dem Baby darüber, dass es unter der Geburt anders sein musste, als sie es sich gewünscht hat. Sie kann ihren Wünschen Raum geben und Tränen zulassen. Vielleicht reagiert auch das Baby mit Weinen, weil es auf diese Weise die Geburt verarbeiten kann.

Was auch hilft, sich von unerfüllten Geburtswünschen zu verabschieden: Schreiben Sie die Geburtsgeschichte Ihres Kindes auf und geben Sie dem Teil Raum, den Sie sich anders gewünscht haben. Vielleicht möchte auch Ihr Partner die Geschichte aus seiner Perspektive aufschreiben. Wenn Sie sich Ihre Geburtsgeschichten später vorlesen, denken Sie dabei nicht nur an die negativen Momente, sondern erinnern Sie sich

Jeder Zeh wird einzeln betastet

auch an schöne Augenblicke: besondere Worte, hilfreiche Gesten.

Die FABELhafte Welt des Vaters

In den ersten Wochen nach der Geburt fällt es auch dem Vater schwer, die Bedürfnisse des Kindes zu verstehen. Auch er ist durch den Schlafmangel und die neuen Aufgaben gefordert. Über kurz oder lang wird er zum Familienmanager: Besuchszeiten für Familie und Freunde müssen eingerichtet, Einkäufe erledigt, Geburtskarten geschrieben werden. Und „ganz nebenbei" ist natürlich auch die tagtägliche Papa-Aufgabe wichtig: viel Zeit mit dem Baby verbringen.

Reime, Lieder, Spiele: Routinen entwickeln sich

Nach einigen Wochen haben Sie Ihr Kind besser kennen gelernt. Sie wissen, was es besonders mag. Manche Kinder genießen die Babymassage besonders. Andere sind aufmerksame Zuhörer und lauschen konzentriert auf Musik. Jedes Kind hat seine eigenen Vorlieben, und langsam lernen Sie sie auch bei Ihrem Baby kennen. Auf diese Weise entwickeln sich Routinen, die den Alltag begleiten. Zubettgehrituale, Baderituale, Stillrituale. Diese immer gleich ablaufenden Handlungen erleichtern den Tagesablauf. Besonders beliebt sind Spiele und Beschäftigungen, die

Von Mamas Schoß aus die Welt erforschen

Körperkontakt ermöglichen: Wenn Sie eine Tragehilfe oder ein Tragetuch benutzen, können Sie jeden Tag eine kleine Runde mit dem Kind spazieren gehen. Auch andere Spiele sind schön, mit denen das Kind die Welt sanft „begreifen" kann,.

Stück für Stück die Welt begreifen

Wenn Ihr Kind vor Ihnen liegt, nehmen Sie sanft Kontakt zu ihm auf, indem Sie es anblicken, ansprechen und schließlich die kleinen Hände umfassen. Lassen Sie dann Ihr Kind Ihr Gesicht berühren. Führen Sie die kleinen Hände ganz nah heran. Vielleicht öffnet Ihr Kind schon die Hände? So kann es Ihr ganzes Gesicht erkunden: Wangen, Nase, Augen und Augenbrauen. Anschließend geben Sie ihm einen Kuss auf die Hände. Schon von Anfang an nehmen Kinder die Unterschiede zwischen Vater- und Muttergesicht wahr – umso mehr, wenn ihre visuellen Reize durch Berührungen bestätigt werden:

> Kommt ein Mäuslein,
> baut ein Häuslein,
> kommt ein Mücklein,
> baut ein Brücklein.
> Kommt ein Floh, der
> macht soooo ...

Papas Kinn hat Stoppeln, und er lacht anders als Mama. Auch erste Fingerspiele bereiten ihm schon Freude.

Gemeinsame Sporteinheiten

Für ein gutes Körpergefühl von Mutter und Kind sorgt folgende Übung: Sie setzen sich im Schneidersitz auf den Boden, mit einem Sitzkissen unter dem Po. Das Baby liegt quer auf Ihren Beinen, die eine bequeme Hängematte fürs Baby bilden. Geben Sie Spannung in den Beckenboden, schaukeln Sie nach rechts und links und singen Sie ein Lied dazu, z. B. das „Kuschellied". ➜ 👓 Nr. 3

Schaukelspiele geben beiden ein gutes Körpergefühl

Eine andere Übung, die Mutter und Kind Spaß macht: Legen Sie sich auf den Rücken, den Kopf gut abgestützt mit einem Kissen. Wenn Sie Ihre Füße auf den Boden stellen und das Baby auf Ihre Oberschenkel legen, können Sie sich gegenseitig anschauen. Dann heben Sie Kopf und Schulterbereich an und rufen „Guck guck" abwechselnd nach rechts und links (oder den Namen Ihres Kindes „Wo ist die Svenja? Da ist die Svenja!"). Auf diese Weise stärken Sie Ihre schrägen Bauchmuskeln, und Ihr Kind freut sich über den Blickkontakt mit Ihnen. Anschließend können Sie ausprobieren, wie Ihr Beckenboden reagiert, wenn Sie beim schrägen Hochkommen kräftig pfeifen. Spüren Sie eine Änderung in der Beckenbodenspannung?

Ins Leben getragen

Ein Tragekind wird auf angenehme Weise sanft ins Leben begleitt. Aus medizinischer Sicht wird das Tragen zur Vorbeugung und Therapie von Hüftdysplasie und als Therapie bei Blähungen und Koliken empfohlen. Es stärkt zudem den Gleichgewichtssinn und lässt das Kind an Ihrem Alltag teilhaben. Mittlerweile gibt es viele Angebote: neben Tragetüchern unterschiedliche Modelle von Tragesitzen, Tragesäcken, Tragegestellen etc. Bevor Sie sich endgültig entscheiden, probieren Sie bei Freunden oder im Laden verschiedene Modelle aus. Dabei kann eine Trageberaterin hilfreich sein (➜ Adressen im Anhang).

Ganz nah am Körper und sicher getragen: Das ist Geborgenheit

Der dritte Meilenstein: *Stürmische Bewegungen*

Die FABELhafte Welt des Babys

Sie können zusehen, wie rasant sich Ihr Kind gerade entwickelt. Dabei hilft ein kleines Tagebuch, in dem etwa notiert wird: „Mira kontrolliert mit etwa acht Wochen den Kopf schon recht gut, bewegt ihn von der Seite in die Mitte und kann ihn dort halten. Für ein paar Sekunden werden Gesichter und Gegenstände fixiert und genau erforscht."

Tagebuch fürs Kind

Lachen, glucksen, Händchen heben … Jeden Tag passieren Dinge zum ersten Mal. Damit sie nicht vergessen werden, schreiben Sie Tagebuch! Wenn das Kind später darin lesen kann, wird es begeistert sein. Und für Sie ist es eine wunderbare Erinnerung.

Liegt das Baby jetzt auf dem Bauch, verlagert sich der Schwerpunkt in Richtung Füße. Dadurch kann es den Kopf besser heben. Manches Baby liegt deshalb gern eine kleine Zeit auf dem Bauch. Wenn es aber unglücklich in dieser Haltung ist, sollten Sie es nicht dazu zwingen. Die Bauchlage ist keine notwendige Voraussetzung für die weitere Entwicklung. Seine Mobilität entdeckt es von ganz allein, wenn es mit dem Drehen beginnt.

In der Rückenlage verlagert sich der Schwerpunkt in Richtung Kopf, und das Baby kann die Arme und Beine besser anheben. Die Hände berühren sich, es beginnt, mit den Fingern zu spielen. Manchmal beginnt das Kind in dieser Lage plötzlich mit Armen und Beinen wild zu strampeln – besonders, wenn es etwas Spannendes sieht. Diese Bewegungen können so stark sein, dass sich das Kind auch vom Wickeltisch hinunterwirbelt.

Die FABELhafte Welt der Mutter

Allmählich passt sich Ihr Tages- und Nachtrhythmus dem des Babys an. Und wie schaffen Sie das alles überhaupt? Wenn Sie stillen, schüttet Ihr Körper das Hormon Oxytocin aus. Es bietet Schutz gegen Stress, sodass Sie schneller entspannen können. Auch Eltern, die die Flasche geben, entwickeln diesen Stressschutz, wenn sie ihr Kind viel im Arm haben, denn wir schütten Oxytocin bei jeder angenehmen Berührung aus.

Das Frühwochenbett ist nun vorbei. Vielleicht fühlen Sie sich kräftiger und haben das

---

„Als Lara sechs oder sieben Wochen alt war, habe ich sie ein paar Sekunden allein auf dem Wickeltisch liegen lassen, weil ich nach der Suppe auf dem Herd sehen wollte. Plötzlich hörte ich einen gedämpften Schrei. Ich lief zurück – und Lara lag im Schmutzwäschekorb, den wir Gott sei Dank neben dem Wickeltisch stehen hatten! Mir ist fast das Herz stehen geblieben, und nie wieder habe ich sie auf dem Wickeltisch allein gelassen. Wenn es nicht anders ging, legte ich sie schnell auf den Boden."
Kläre, 27, mit Lara

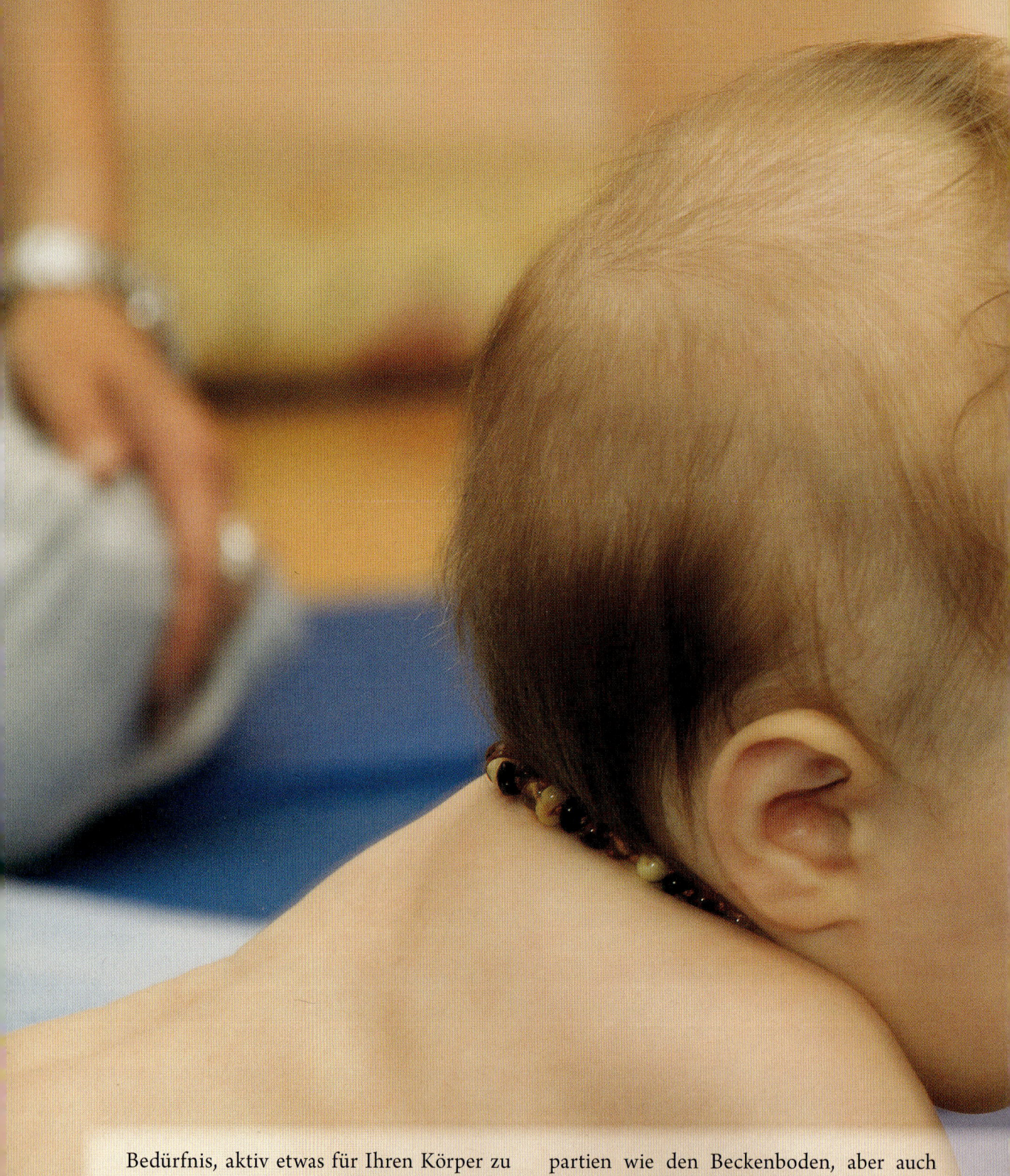

Bedürfnis, aktiv etwas für Ihren Körper zu tun? Gönnen Sie sich einen Rückbildungskurs. Er wird von GfG-Kursleiterinnen, Hebammen und PhysiotherapeutInnen angeboten. Mit speziellen Übungen machen Sie sich mit Ihrem „neuen" Körper vertraut und unterstützen besonders beanspruchte Muskelpartien wie den Beckenboden, aber auch Rücken- und Bauchmuskeln. Im Rückbildungskurs lernen Sie außerdem andere junge Mütter kennen und knüpfen neue Kontakte. Dieser Austausch ist ein großer Schatz: Sie können sich unterstützen und Tipps austauschen. Wie früher im Beruf brauchen Sie auch

als junge Mutter ein Netzwerk von „Kolleginnen".

Die FABELhafte Welt des Vaters

Viele Väter nehmen rund um die Geburt des Kindes Urlaub oder gehen in den ersten Lebensmonaten des Kindes in die Elternzeit.

Spielen ist Lernen

Vielleicht sind Sie aber mittlerweile schon wieder in Ihrem Berufsalltag und stehen vor der Aufgabe, Job und Familie miteinander zu vereinbaren. Das ist nicht leicht! Wer nachts nicht schläft, kann sich tagsüber schlecht

> *„Nach der Geburt unserer ersten Tochter war es ganz einfach, sexuell wieder zusammen zu kommen – wir wollten es beide schnell. Ich glaube, es war uns wichtig, uns auch als Paar zu fühlen. Nachdem unsere zweite Tochter da war, dauerte es viel länger, bis wir wieder miteinander geschlafen haben. Es war für uns beide aber auch nicht mehr so bedeutsam. In beiden Fällen haben wir viel geredet, das war sehr hilfreich, glaube ich."*
> Bernd, 27, mit Carla und Lena

konzentrieren. Der Wunsch nach einer ungestörten Nacht wird immer größer.

Heute bei mir, morgen bei dir

Manchmal sind getrennte Schlafplätze eine gute Lösung. So kann die Woche in gemeinsame und getrennte Nächte aufgeteilt werden. An den Tagen, an denen Sie durchschlafen, fällt die Arbeit leichter, und Sie haben nach der Arbeit noch Energie, mit Ihrem Baby Einkäufe zu erledigen oder etwas Leckeres zu kochen. Viele Väter finden Kraft, wenn sie nach dem Arbeitstag eine kurze Pause einlegen, indem sie z. B. auf dem Parkplatz kurz im Auto etwas Musik hören. Anschließend fällt es leichter, sich zu Hause auf das Kind und die Partnerin zu konzentrieren.

Wenn Sie eine intensive Zeit mit Ihrem Baby verbringen wollen, besuchen Sie einen Vater-Kind-Kurs, z. B. einen Babymassagekurs am Wochenende. Das Massieren lässt sich gut im Alltag integrieren und gibt Ihnen die Möglichkeit, liebevoll mit Ihrem Kind in Kontakt zu treten. Der Austausch mit den anderen Vätern im Kurs bereichert und entlastet, manchmal entstehen daraus jahrelange Freundschaften.

In Väterkursen haben Männer die Möglichkeit, sich auszutauschen

Papas Kinn kitzelt so schön!

Das Baby und die Liebe

Der Zeitpunkt, an dem Paare nach der Geburt eines Babys wieder miteinander schlafen, variiert von einer Woche nach der Geburt bis hin zu einem Jahr oder länger; einen Monat nach der Geburt haben nur etwa 15% aller Paare wieder Sex, und an Babys erstem Geburtstag sind es ca. 90%. Die Gründe dafür sind ganz unterschiedlich: Müdigkeit zum Beispiel, Angst vor Berührung, wenn der Genitalbereich wund ist oder das Bedürfnis nach Berührungen durch den Umgang mit dem Baby abgedeckt ist. Auch dass spontaner Sex kaum mehr möglich ist, kann eine Rolle spielen, ebenso das veränderte Körpergefühl. In der Regel haben Väter schneller als ihre Partnerinnen wieder Lust auf sexuelles Beisammensein. Das „erste Mal" nach der Geburt ist meistens ein besonderes Ereignis, das Ihre Paarbeziehung stärkt.

Reime, Lieder, Spiele: Auf dem Weg zur eigenen Mitte

In seiner Entwicklung muss das Baby erst einmal die eigene Mitte finden. Nach und nach entwickelt es eine symmetrische Körperhaltung, entdeckt die Mittelachse des Körpers und greift schließlich – etwa ab dem 5. Lebensmonat – über seine Mitte hinweg zur anderen Seite. Aber auch die innere Mitte zu finden, das Ankommen in der neuen Welt, ist eine Aufgabe, die das Baby nach und nach meistert. Wir können ihm dabei behilflich sein durch Spiele und Kuscheleinheiten.

Krabbelfinger erkunden den Körper

Das Baby liegt auf einer weichen Unterlage oder auf Ihrem Schoß. Nehmen Sie Kontakt zu ihm auf und umfassen seine Hände. Führen Sie die Hände erst zu Ihrem Gesicht und anschließend zu seinem eigenen. Berühren die Händchen seinen Mund, möchte es sicher daran saugen. Geben Sie ihm diese Möglichkeit, bevor Sie mit seinen Händen weiter streichen über Kinn, Hals und Bauch und dort die Hände kurz ruhen lassen. Benennen Sie dabei alle Körperteile, die Ihr Baby fühlt. Im Anschluss tauschen Sie die Rollen und benennen Sie bei einem Kitzelspiel die Körperteile Ihres Kindes. → ● Nr. 4

Die Bauchlage kennen lernen

Manche Kinder mögen die Bauchlage jetzt gern. Wenn Ihres auch dazu gehört, können Sie ein kleines Spiel daraus machen: Legen Sie sich aufs Bett und Ihr Baby auf Ihre Brust, also Bauch an Brust. So kann es in Ihr Gesicht blicken und ist dadurch motiviert, das Köpfchen hochzuhalten. Wenn es aber doch müde wird, legt es den Kopf auf Ihrer Brust ab und hört Ihren beruhigenden Herzschlag. So macht die Bauchlage Spaß!

Viele Frauen sind nach der Geburt des Kindes buchstäblich aus der Balance geraten: Der Gleichgewichtssinn und die Rechts-links-Koordination arbeiten noch nicht wieder wie früher. Deswegen sind Übungen für Ihr Gleichgewicht gut. Nehmen Sie sich morgens ein paar Minuten Zeit, um den Tag mit diesem Morgengruß zu beginnen: Der Brustkorb wird weit, der Körper streckt sich, Gleichgewicht und Koordination werden trainiert.

Mit Balance zu Mamas Mitte	
Guten Morgen, warme Sonne!	*Die Arme beschreiben einen großen Kreis*
Ich lasse dich durchs Fenster hinein.	*Die geschlossenen Hände liegen vor der Brust und werden anschließend zur Seite geführt*
Du erfüllst den Raum.	*Ein Bein ist das Standbein, um das Sie sich drehen und so mit dem anderen Bein einen Kreis um sich ziehen, bis sie wieder in der Ausgangsposition sind*
Oben und unten, in der Mitte bin ich.	*Arme weit nach oben strecken, dann die Erde berühren* *Hände berühren die Mitte des Brustkorbes*
Ich strecke mich und begrüße den Tag.	*Sich in alle Richtungen strecken* *Kurz verneigen*

Der vierte Meilenstein:
Offene Hände begreifen die Welt

Die FABELhafte Welt des Babys

Die Wirbelsäule hat sich voll entfaltet. Jetzt lässt das ungezielte Strampeln mit Armen und Beinen nach. Der Körperschwerpunkt hat sich zum Kopf verlagert, und so kann das Baby Arme und Beine vor den Körper nehmen. Die Beine werden sogar bis zu einem Winkel von 90° angezogen und geraten in das Blickfeld des Babys. Bis vor wenigen Wochen kannte es seine Beine nur von Ihrem sanften Streicheln; jetzt kann es sie selbst sehen. Schön ist es auch, wenn Sie Sehen und Empfinden Ihres Babys verbinden, indem Sie seine angehobenen Beine streicheln. Liegt Ihr Baby gerne auf dem Bauch, wird auch diese Lage zunehmend stabiler: Seit neuestem nutzt es das Becken und die Innenseite der Ellenbogen als Stützfläche.

Die eigenen Hände: oft das spannendste Spielzeug

Das ist mein Knie, das ist mein Bein

Handfeste Erfahrungen

Auch die Hände kommen jetzt gezielt zum Einsatz. Manche Babys sind ganz aufgeregt und betrachten ihre Hände mit weit geöffneten Augen: Jeder Finger wird bewegt, die Hände drehen sich und werden gegenseitig abgetastet. Geben Sie Ihrem Baby die Möglichkeit, die Hände in Ruhe zu erkunden, und lenken Sie es nicht gleich mit einem Greifring ab. Mit dem Mund nimmt das Baby noch lange Zeit Berührungsreize besonders intensiv wahr. Es erkundet unterschiedliche Formen, Oberflächenbeschaffenheit und Geschmäcke. Ihr Kind kann mit dem Mund schon verschiedene Formen unterscheiden und macht sich anhand der oralen Wahrnehmung eine abstrakte Vorstellung vom Aussehen eines Gegenstandes.

Übertriebene Hygiene schadet

Ihr Kind baut sein Immunsystem auf, und die Fremdkörper, die es durch den Mund aufnimmt, sind wichtig für die gesunde Entwicklung und eine starke Abwehr. Geben Sie Ihrem Baby die Möglichkeit, Dinge mit dem Mund zu erkunden. Natürlich gehören verschluckbare Kleinteile und giftige Stoffe nicht in Babyhände. Als Faustregel für die ersten drei Jahre gilt: Spielzeug darf nicht durch eine Toilettenpapierrolle passen.

Wache Augen entdecken die Welt

Auch das Sehvermögen verbessert sich jetzt. Vielleicht merken Sie das daran, dass Ihr Kind sich leichter vom Trinken ablenken lässt. Ein leichtes Seiden- oder Baumwolltuch kann helfen, wenn es beim Stillen über Kind und Brust gelegt wird. Abends stellen Sie vielleicht fest, dass das Kind Einschlafschwierigkeiten hat, weil es erst einmal all die vielen visuellen Eindrücke des Tages verarbeiten muss.

Die FABELhafte Welt der Mutter

Vielleicht haben Sie mittlerweile schon mit einem Rückbildungskurs begonnen und dort Übungen kennengelernt, die Ihren Körper stärken. Insbesondere das Training des Beckenbodens ist nach der Geburt eines Babys wichtig – auch wenn Sie Ihr Kind mit einem Kaiserschnitt geboren haben. Nehmen Sie sich täglich die Zeit, um diese Übungen zu Hause zu machen. Denn Ihr Körper wird nun ganz anders beansprucht. Das Hochnehmen des Babys aus dem Bett oder das Tragen in der Babyschale sind anstrengend. Halten Sie deswegen Ihr Baby immer möglichst nah am Oberkörper. Beim Aufrichten und Tragen spannen Sie Ihre Beckenbodenmuskeln an, sodass die Beckenbodenöffnung bewusst verschlossen ist. Damit beugen Sie Rückenschmerzen vor.

„Ich fand es anfangs total schwierig, irgendwelche Sachen im Haushalt zu erledigen. Schließlich wollte ich meinen Sohn ja nicht den halben Tag allein im Bett liegen lassen, und manchmal hatte ich ihn gerade auf dem Arm und wollte mir nur schnell ein Brot schmieren. Irgendwann hat mir eine Freundin eine Tragehilfe gegeben. So war es ganz einfach, mal was zu kochen oder den Geschirrspüler einzuräumen. Einen ‚perfekten‘ Haushalt hatte ich zwar trotzdem nicht, aber es war immerhin etwas einfacher.“
Sandra, 27, mit Ben

Wird das Baby noch satt?

Haben Sie mittlerweile das Gefühl, dass Ihr Baby nicht mehr genug Milch bekommt, weil es beim Stillen so schnell fertig ist? Das liegt daran, dass es seinen „Trinkstil" optimiert hat. Wo früher 20 Minuten nötig waren, braucht es jetzt vielleicht nur noch fünf Minuten und löst sich dann von der Brust. Wenn Sie Fragen zum Stillen haben: Hebammen und Stillberaterinnen beraten gründlich und gut. Stillen über sechs Monate hinaus dient nachweislich der Gesundheit von Mutter und Kind.

Die FABELhafte Welt des Vaters

Ihre Partnerin geht zum Rückbildungskurs oder macht abends etwas für sich, und Sie und das Baby sind allein? Das ist die exklusive Vater-Baby-Zeit! Vor dem ersten Mal haben die meisten Väter allerdings ein bisschen Lampenfieber: Sie möchten alles richtig machen, das Baby gut versorgen und ihrer Frau ein gutes Gefühl geben. Dass sie nicht stillen können, empfinden viele Väter als Hindernis. Eine gute Lösung ist abgepumpte Milch. Als Vater besitzen Sie zudem andere Fähigkeiten, um Ihr Baby zu beruhigen. Vielleicht sind Sie ein guter Träger, und Ihr Baby entspannt sich im Fliegergriff. Oder Sie gönnen sich zu zweit eine Kuschelzeit im Bett – das Baby wird ruhig, wenn es Ihren Herzschlag hört. Väter machen vieles anders als Mütter, und das ist auch gut so. Gerade dieses Anderssein ist für Ihr Baby ein großes Geschenk.

Babywippe und Co.

Der Markt für Babyartikel ist riesig und bringt den Herstellern Milliardenumsätze. Viel verkauft werden auch Babywippen, auf die das Baby gelegt werden kann. Was so gemütlich aussieht, trügt: Das Kind nimmt eine schräge Haltung ein, die dem Sitzen ähnelt. Hierdurch wird das Körpergewicht auf die Lendenwirbelsäule gepresst und der untere Teil der Wirbelsäule gestaucht. Wirbelsäulenfehlhaltungen können die Folge sein. Auch die Beine sind in ihrer Bewegungsmöglichkeit eingeschränkt. Wir raten deshalb von Babywippen ab. Legen Sie Ihr Baby lieber auf eine Krabbeldecke auf dem Fußboden.

Einfache Spielsachen sind die besten

Führen Sie Ihr Baby langsam an Spielangebote heran: Zunächst sind Mama und Papa und der eigene Körper die schönsten und span-

Kinderhände be-greifen die Welt

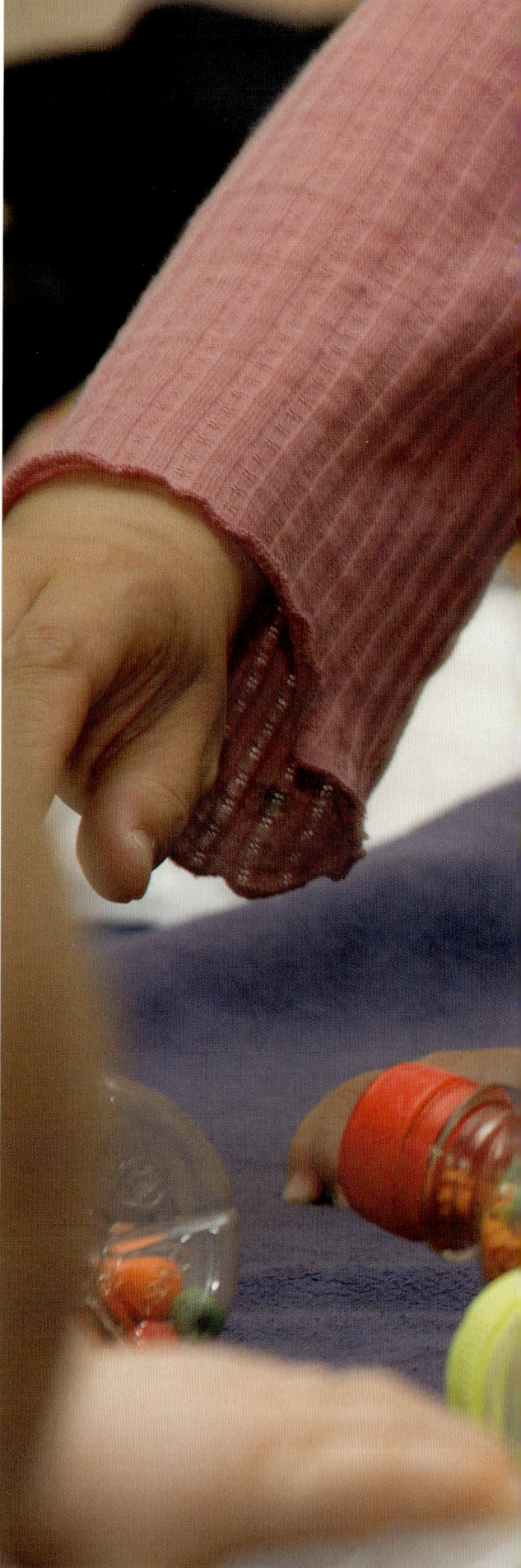

nendsten Spielsachen überhaupt. Nach und nach kann es dann auch einen Greifring oder eine Rassel, ein (selbstgemachtes) Erlebnistuch, Küchenutensilien wie Löffel, Schneebesen oder eine saubere Küchenbürste kennen lernen.

Reime, Lieder, Spiele: Entdeckungen mit allen Sinnen

Immer mehr nimmt das Baby nun von seiner Umgebung auf: Es sieht besser, hat die Hände geöffnet, um damit sich selbst und seine Umgebung zu erkunden. Es ist also mit den Händen und den Augen auf Entdeckungstour und deswegen sind nun vor allem die Anregungen spannend, die das Tasten und das Sehen beflügeln. → 👁 Nr. 5

Ihr Baby wendet sich jetzt gezielt Geräuschquellen zu. Daraus kann man ein kleines Spiel machen. Nehmen Sie einen alten Handschuh und nähen Sie an jeden Finger ein kleines Glöckchen. Ein Handschuh mit vier, fünf Glöckchen reicht vollkommen aus. Liegt Ihr Baby auf seiner Krabbeldecke, beugen Sie sich

zu ihm und nehmen mit der anderen Hand Körperkontakt zum Baby auf. Mit der Handschuh-Hand können Sie dann die Glöckchen auf und nieder und hin und her tanzen lassen. Ihr Baby wird hochkonzentriert und aufmerksam dem Spiel mit den Augen folgen. Zum Schluss marschiert die Glöckchenhand noch einmal über den Bauch.

Schaukelspiele

Die meisten Babys lieben es, sanft geschaukelt zu werden. Legen Sie Ihr Baby auf eine

Decke. Mama und Papa greifen sich jeweils ein Ende der Decke, und das Baby wird langsam hochgehoben und geschaukelt. Erinnern Sie sich an Schaukel- oder Wiegenlieder aus Ihrer Kindheit? Wenn nicht, gefällt Ihnen vielleicht unser Schaukellied .

➜ 💿 Nr. 6

Entspannung für den Rücken

Ob beim Tragen des Babys, beim Wickeln oder beim Hochheben aus dem Kinderbett – Ihre Muskeln werden oft einseitig belastet. Neben rückenschonenden Haltungen hilft regelmäßige Entspannung. Nehmen Sie sich Zeit und massieren Sie sich gegenseitig. Ungeübte nehmen einen Igelball zu Hilfe. Wer zuerst massiert wird, legt sich bequem auf den Bauch. Stillende Mütter lassen sich nach dem Stillen massieren oder legen sich ein Kissen unter den Bauch. Mit dem Igelball werden nach und nach alle Körperpartien massiert: Beginnen Sie beim Nacken, wandern Sie dann in kreisenden Bewegungen zu einer Schulter, massieren den gesamten Arm und die Handaußenfläche, bevor Sie den Ball über den Arm zur anderen Schulter wandern lassen und dort ebenfalls Arm und Hand massieren. Anschließend werden nacheinander die Schulterblätter, der Rücken, der Po und schließlich Beine und Füße massiert. Zum Schluss legen Sie den Ball beiseite und streichen noch einmal mit sanftem Druck den Körper mit den Händen aus: vom Scheitel über die Schultern zu den Fingern, vom Nacken zum Becken, vom Becken zu den Füßen. Am Schluss wird getauscht – das ist Entspannung pur!

Liebevolle Partnermassage für den müden Rücken

Der fünfte Meilenstein:
Beherztes Zugreifen

Die FABELhafte Welt des Babys

Mit der Fähigkeit, die Hände zu öffnen, hat das Kind einen großen Meilenstein erreicht. Nun kann es sich selbst und die Umwelt aktiv „be-greifen". Das Greifen wird immer gezielter, erst greift noch die ganze Hand, bis schließlich sogar einzelne Krümel sorgsam aufgelesen werden.

Koordination von Auge und Hand

Wird dem Baby ein Spielzeug von der Seite angeboten, streckt es die Arme aus, greift den Gegenstand und erkundet ihn genau mit Lippen und Zunge. Jetzt kann es außerdem seine Motorik mit der visuellen Wahrnehmung verknüpfen; bieten Sie Ihrem Baby eine Rassel oder einen Greifring an, dann „be-greift" es, dass das Ding in seiner Hand Geräusche macht, wenn es bewegt wird.

Hinsetzen muss noch warten

Beim Strampeln berühren sich öfter die großen Zehen, und das macht dem Baby riesigen Spaß. Greifen die Hände nach einem Gegenstand, fassen die Füße ebenfalls zu. Die Beine werden oft angewinkelt am Körper gehalten. Das sieht ein bisschen so aus, als würde das Baby im Liegen eine Sitzhaltung einnehmen. Für ein richtiges Hinsetzen ist es aber noch zu früh: Seine Muskulatur ist noch längst nicht ausgereift, um sich hinzusetzen – auch nicht abgestützt durch Kissen. Erst wenn es das ohne Hilfe schafft, schadet das Sitzen nicht mehr Babys Entwicklung.

Die FABELhafte Welt der Mutter

Wahrscheinlich haben Sie noch nicht Ihre „alte Form" zurück, und naturgemäß gibt es Spuren am Körper, die Sie daran erinnern, dass Sie ein Kind getragen und geboren haben. Wann haben Sie sich das letzte Mal in Ruhe im Spiegel betrachtet? Vielleicht sind verblasste Schwangerschaftsstreifen Ausdruck Ihrer Rundungen; eine Narbe zeigt die Stelle, an der Ihr Baby aus Ihrem Körper gehoben wurde; Ihr voller Busen gibt Ihrem Kind Milch. Betrachten Sie in Ruhe die Stellen Ihres Körpers, die Ihnen weniger gefallen und überlegen Sie, wofür diese Zeichen der Schwangerschaft stehen.

Wann kommt meine Menstruation?

Der Zeitpunkt der ersten Menstruation nach der Geburt ist von Frau zu Frau unterschiedlich: Nach zwölf Wochen setzt bei 45% aller stillenden Mütter und 65% der nicht stillenden Mütter die Menstruation wieder ein. Das Stillen beeinflusst also die Fruchtbarkeit, ist aber kein Verhütungsschutz! Schon vier bis sechs Wochen nach der Geburt kann ein Eisprung stattfinden und die Frau wieder schwanger werden – ohne vorher eine Blutung gehabt zu haben. Sprechen Sie rechtzeitig mit Ihrem Partner über Verhütungsmöglichkeiten.

Hilfreiche Entspannungsübungen

Wenn Ihre Menstruation wieder einsetzt, können Ihnen die Entspannungsübungen aus der Geburtsvorbereitung helfen. Nehmen Sie sich auch die Zeit, um sich mit Körper und Zyklus zu beschäftigen: Welchen Einfluss haben Ihre Hormone auf das körperliche und psychische Empfinden? Es lohnt sich, einen Zykluskalen-

Sie sich besonders gut fühlen oder empfindsamer sind als sonst. Unser Zyklus ist ein Zeichen unserer Fruchtbarkeit, er steht für geistige Klarheit und Innehalten in Stresszeiten.

Die FABELhafte Welt des Vaters

Das zielgerichtete Greifen des Babys, der Griff in die Welt hinein vermittelt Vätern das

Die kleinen Entdecker sind unterwegs

der zu führen. Halten Sie die Veränderungen Ihres Körpers fest, beispielsweise ob Sie ein Ziehen in Brüsten oder Unterleib verspüren, ob

Gefühl, dass das Baby die Welt immer besser kennenlernen will. Viele Väter erzählen, dass sie sich auf einmal mit ihrem Baby noch näher

verbunden fühlen und „mehr mit ihm anfangen können". Sie nutzen seinen Forscherdrang, um mit dem Baby zusammen die Welt zu entdecken; dazu gehören Gesicht und Bartstoppeln des Vaters, der Schlüsselbund oder die glatte Fensterscheibe …

Vatersprache statt Muttersprache

Väter nehmen auf Babys Sprachentwicklung einen wesentlichen Einfluss; sie bauen den Wortschatz der Kinder aus, indem sie differenziertere Worte verwenden als Mütter: Es fahren eben nicht nur „Autos" vorbei, sondern ein VW, ein Mercedes oder ein BMW … Väter benutzen andere Wörter als Mütter, und dadurch wird das Sprachverständnis des Babys deutlich größer.

Reime, Lieder, Spiele: packende Erlebnisse

Die Welt ist voller Greif-Spielsachen: (saubere) Deckel von Einweggläsern, bunte Igelbälle oder Lockenwickler in verschiedenen Größen setzen Ihr Kind in Erstaunen und regen zur Erforschung an.

Legen Sie Ihr Baby auf Ihre angewinkelten Oberschenkel, sodass Sie sich anschauen können. Seine Beine sind in der Position, die das Baby auch sonst oft einnimmt, wenn es auf dem Rücken liegt: in einem rechten Winkel. Rei-

ben und klatschen Sie seine Füße aneinander und streicheln sie sanft, dann massieren Sie jeden einzelnen kleinen Zeh. Das kitzelt!

Das Fliegerspiel

Liegt Ihr Baby gerne auf dem Bauch, testen Sie doch mal das Fliegerspiel! Dazu machen Sie es sich auf dem Fußboden bequem und legen sich auf den Rücken. Sie winkeln Ihre Beine so an, dass die Schienbeine eine Parallele zum Boden bilden. Darauf legen Sie Ihr Baby. Wie fühlt es sich da oben? Sanft bewegen Sie es vor und zurück. Schaffen Sie es, Ihr Baby so nah an Ihr Gesicht zu bringen, dass Sie ihm einen Kuss geben können?

Wenn Ihr Baby das Spiel genießt, sprechen Sie den kleinen Vers dazu und wippen mit den Beinen. Sie werden merken: Das ist

Papa flüstert mir was ins Ohr …

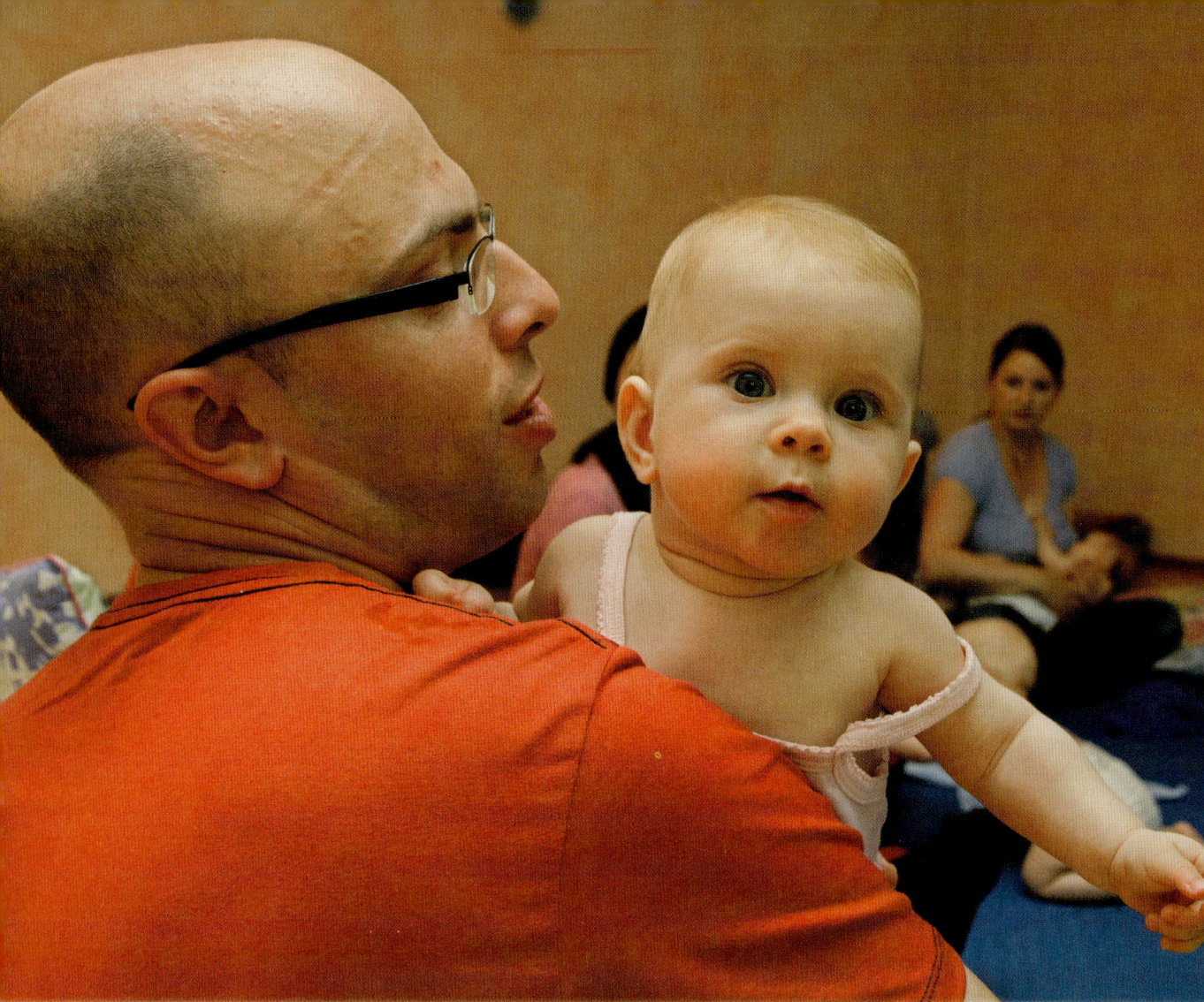

... und jetzt singt er mir was vor!

Guten Morgen, ihr Beine! Wie heißt ihr denn? Ich heiße Hampel und ich heiße Strampel! Hier ist das Hampelfüßchen und dort ist das Strampelfüßchen. Hampel geht auf große Reise, Strampel macht's auf seine Weise. Beide laufen hinauf und hinunter, sind immer fröhlich und immer munter! ➜ 💿 Nr. 7

„Schotter fahren, Schotter fahren mit dem alten Schotterwagen über kleine, feine Steine, über große, die so stoßen!" ➜ 💿 Nr. 8

nicht nur anspruchsvolle Bewegung für Ihr Baby, sondern auch für Ihre Bauchmuskeln! Wenn Mama dieses Spiel spielt, sollte

die Rektusdiastase, d. h. die kleine Lücke zwischen den Bauchmuskeln aufgrund der Schwangerschaft, schon zurückgegangen sein. Danach können Sie sich und Ihrem Baby erst einmal eine ausgiebige Kuschelpause gönnen. Schotterfahren ist anstrengend!

Der sechste Meilenstein:
Sprudelnde Aufregung

Die FABELhafte Welt des Babys

Bis vor kurzem konnte das Baby in Rückenlage nur die Gegenstände ergreifen, die ihm von der Seite angeboten wurden; nun entscheidet es ganz bewusst, mit welcher Hand es einen Gegenstand nimmt und kann dies auch über die Körpermitte tun. Das zeigt, dass die Gehirnhälften gut vernetzt sind – eine Voraussetzung für das Rollen auf die Seite und auf den Bauch. Liegt das Baby auf der Seite, ruhen Kopf und Rumpf auf der Unterlage, Arme und Beine werden gebeugt vor den Körper gehalten.

In der Seitlage sieht die Welt ganz anders aus

Da es sein Gleichgewicht anfangs noch nicht gut halten kann, rollt es schnell wieder zurück auf den Rücken. Spielt es dann in der Rückenlage wieder mit seinen Händen an den Oberschenkeln und betrachtet neugierig die Füße, die nun im Blickfeld sind, passiert es, dass es gleich wieder auf die Seite rollt – vielleicht diesmal auf die andere.

Halten und loslassen

Wenn es eine Sache in die Hand bekommt, greift das Baby mit Fingern und Daumen da-

„Trockenschwimmen" ist anstrengend – probieren Sie es selbst aus!

nach, betrachtet es genau und ist mittlerweile in der Lage, es zwischen den Händen hin und her zu wechseln – ein Zeichen, dass der Greifreflex verschwunden ist.

Schwimmbewegungen auf dem Trockenen

Auch in der Bauchlage hat sich viel getan: Das Baby liegt jetzt sicher auf dem Bauch, hält sein Gleichgewicht und streckt die Arme mit durchgedrückten Ellbogen nach vorn aus. Es

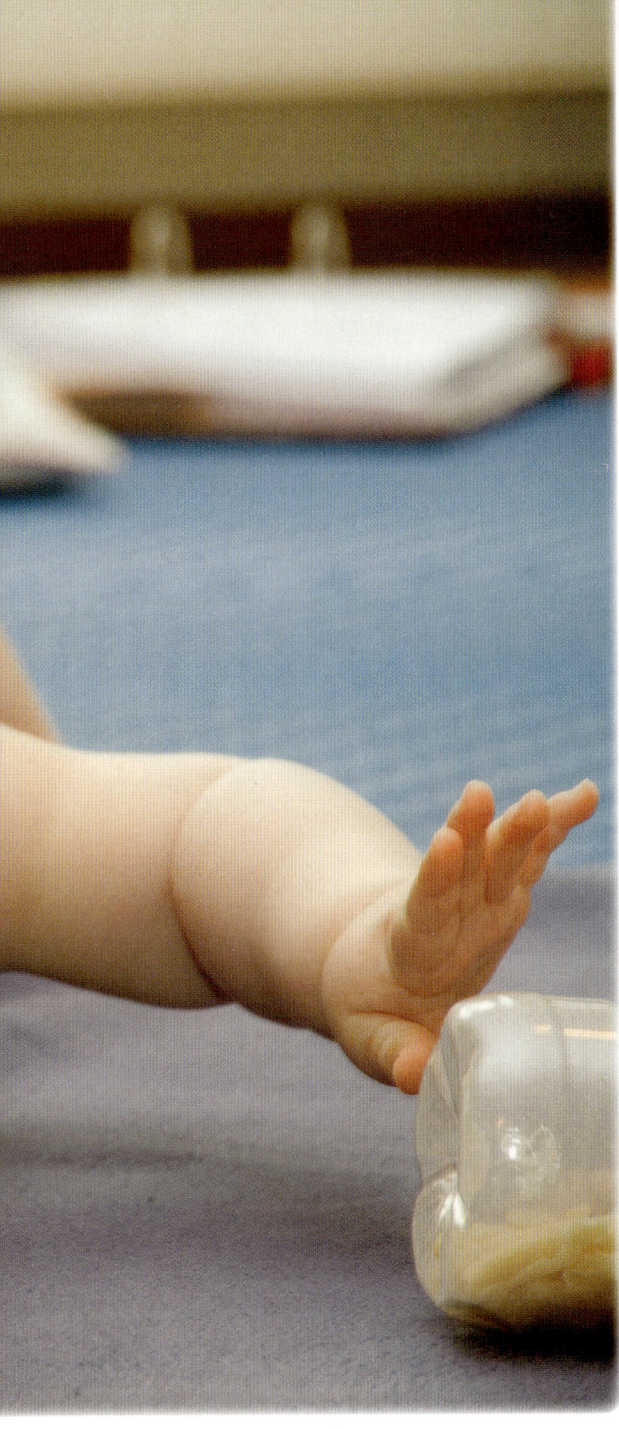

pergewicht für kurze Zeit auf dem Bauch liegt. Probieren Sie es auch einmal aus, legen Sie sich neben Ihr Baby und machen diese Schwimmbewegung nach. Schnell werden Sie merken, wie diese Übung Bauch- und Nackenmuskeln beansprucht.

Guck-guck, da bin ich

Auch ein anderes Spiel wird nun interessant: das Versteckspiel. Beschäftigt sich Ihr Baby mit einem Gegenstand, legen Sie ein Tuch über die ausgestreckte Hand und das Spielzeug. Wo ist mein Greifball? Das Baby wird schnell Hand und Spielzeug unter dem Tuch hervorziehen: Schau her, ich kann mich daran erinnern!

Lassen Sie Ihr Baby einmal in den Spiegel schauen: Lacht es sein Gegenüber an? Im Verlauf der nächsten Monate werden Sie feststellen, wie sich das Verhalten des Babys gegenüber seinem Spiegelbild verändert: Zuerst wird es angelächelt wie ein anderes Baby, später wird das andere Kind kritisch betastet und der Spiegel untersucht, bis Ihr Kind schließlich feststellt, dass es sich dort selber sieht. Der „Cremetest" beweist es: Wenn Sie Ihrem Kind unbemerkt einen Tupfer Creme auf die Nase geben und es wischt ihn nach einem Blick in den Spiegel im eigenen Gesicht weg, wissen wir, dass das Baby sich selbst erkennt. Und noch etwas hat es gelernt: Spuckeblasen machen. Babys lieben es, ihren Speichel im Mund zu sammeln und damit Blasen hervorzubringen. Oft produzieren sie dabei auch Silbenketten wie „ge-ge-ge" oder „de-de-de". Durch unterschiedliche Stimmlagen können sie zudem ausdrücken, ob sie sich freuen, wütend oder aufgeregt sind. Die „sprudelnde

erforscht Spielsachen, die vor ihm liegen. Rollt das begehrte Spielzeug aber außer Reichweite, streckt das Baby die Arme danach noch weiter aus und beginnt schließlich zu „schwimmen". Dabei hebt es Arme und Beine von der Unterlage ab, so dass das Kör-

Aufregung" ist eine großartige neue Fähigkeit Ihres Kindes! Nehmen Sie sich die Zeit, um es zu beobachten und erkunden Sie, wie es die unterschiedlichen Gefühle ausdrückt und seine Stimme, seinen Speichel, seinen ganzen Körper dabei einsetzt.

Die FABELhafte Welt der Mutter

Haben Sie sich schon einmal mit einem „Zeitkuchen" beschäftigt? In Form von Tortenstücken können Sie Ihre Tätigkeiten innerhalb von 24 Stunden bildlich darstellen. Wie groß sind die Stücke für Arbeit, Hobby und Schlaf? Malen Sie zwei Kreise auf mit den Überschriften: Vor der Geburt und Nach der Geburt. Was hat sich geändert bei Ihrem Partner und bei Ihnen?

Vor der Geburt

Nach der Geburt

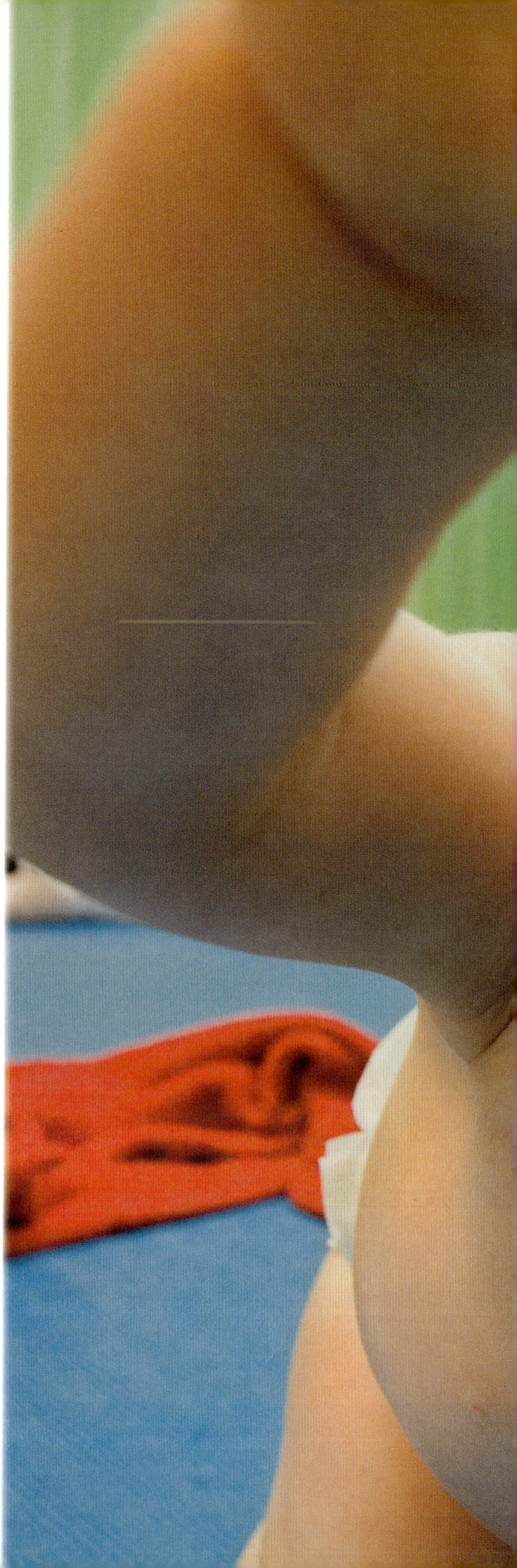

Vorfreude mit allen Sinnen

Gemeinsames Nachdenken über Rasseln und Schütteln

In der Schwangerschaft nehmen sich viele Frauen für das Jahr der Elternzeit große Projekte vor: eine Doktorarbeit schreiben, eine Fremdsprache lernen oder die Wohnung renovieren. Wenn das Baby da ist, stellen sie sich bald die Frage: Wo ist nur die ganze Zeit geblieben? Die Unzufriedenheit wächst, besonders dann, wenn der erwerbstätige Partner in seinem Zeitplan besser vorankommt – schließlich geht er „nur" arbeiten. Oft stehen hinter diesem „nur" aber auch viele verschiedene Aufgaben, die bewältigt werden müssen. Es ist für beide Partner wichtig, sich über

Wünsche und Wirklichkeit auszutauschen. Am besten, Sie beide malen jeweils einen Zeitkuchen für sich auf: Wie viele Stunden braucht das Stillen/Füttern, die Beschäftigung mit dem Kind, die Hausarbeit, die Babypflege, das Einkaufen, die Berufstätigkeit, der Weg zur Arbeit? Wie lange können Sie am Tag schlafen? Wie viel Zeit bleibt für die Pflege Ihrer Beziehung und eigener Hobbys? Wenn Ihr Partner beispielsweise mehr Zeit für seine Freude hat als Sie, kann der Vergleich eine ausgewogenere Aufteilung ermöglichen. Oft stellen junge Mütter aber fest, dass auch der Partner im Spagat zwischen Arbeit und Familie mehr zu tun hat, als eben „nur" arbeiten zu gehen – und schon allein das Wissen darum hilft, auch die eigenen Projekte etwas gelassener anzugehen.

Die FABELhafte Welt des Vaters

Seitdem Ihr Kind auf der Welt ist, hat sich vieles verändert: Der Tagesablauf ist ständig unterbrochen, die Nächte sind kürzer. Irgendwann schleicht sich bei vielen Eltern das Gefühl ein, dass sich die Welt nur noch um das Kind dreht. Väter nehmen die Veränderungen oft vor den Müttern wahr. Ist Ihre Partnerin von einer durchwachten Nacht müde oder braucht lange, um das Kind zu beruhigen, hat sie oft keine Kraft mehr, ihrem Mann mit einem Lächeln zu begegnen. Erschöpfung und Spannungen wirken sich direkt auf die Beziehung aus. Untersuchungen haben belegt, dass Eltern nach der Geburt des Kindes weniger miteinander reden, weniger körperliche und sprachliche Zärtlichkeiten austauschen und sich häufiger streiten – insgesamt unzufriedener mit ihrer Beziehung sind als vor der Geburt des Kindes.

Reden ist einander lieben

Es ist wichtig, dass Sie rechtzeitig die Notbremse ziehen. Bei den Kikuyu in Kenia heißt es: „Reden ist einander lieben." Sprechen Sie mit Ihrer Partnerin darüber, wenn Sie das Gefühl haben, dass bei Ihnen als Paar etwas nicht mehr stimmt. Nehmen Sie sich bewusst Zeiten vor, die sie ganz für sich nutzen können, z. B. wenn das Baby eingeschlafen ist. Die Versuchung ist groß, dass gerade dann jene Arbeiten erledigt werden, für die man am

Tag keine Zeit hatte; doch denken Sie einfach daran, dass auch Beziehungspflege „Arbeit" ist: Betrachten Sie das als ein besonders wichtiges Projekt. Vielleicht können Sie als Ritual die „Erzähl mir deinen Tag"-Zeit einführen: Hören Sie Ihrem Partner aufmerksam zu, unterbrechen Sie nicht, stellen Sie Fragen erst am Ende. Im Anschluss werden die Rollen getauscht. Damit wird der Alltag des anderen konkreter, und die Wertschätzung steigt. Wenn eine gegenseitige Rückenmassage den Austausch beschließt, kommt auch die liebevolle Berührung nicht zu kurz.

Reime, Lieder, Spiele: Das ist aufregend

Für das Baby kann es dagegen wilder werden: Hände und Füße sind allzeit in Bewegung und strampeln hin und her. Spiele, die dieser Mobilitätsentwicklung entsprechen, bringen jetzt viel Spaß. ➜ 🔘 Nr. 9

Auf und ab und das Drehen im Kreis sind nun tolle Bewegungen für das Baby. Stellen Sie sich mit Ihrem Kind aufrecht und bequem hin. Nehmen Sie es in den Fliegergriff, drehen Sie sich wie ein Karussell im Kreis. In der zweiten Strophe können Sie sogar die Auf- und Abwärtsbewegungen der Bahn nachahmen. Dabei achten Sie auf Ihre Haltung und spannen den Beckenboden an, so wird es eine Fitness-Übung für Sie und Ihr Baby.

Neben gemeinsamen Spielen mit Anderen ist es für Ihr Baby auch wichtig, dass es ganz für sich allein die Welt erkunden kann, z. B. mit der Glöckchensocke: Nähen Sie eine kleine Glocke an eine Socke. Das Glöckchen klin-

Babymassage light

Beginnen Sie mit einem Bein, das Sie langsam ausstreichen, indem Sie eine Hand darum schließen und von der Hüfte zu den Füßen streichen. Wenn Sie nach einigen Malen an den Füßen angelangt sind, können Sie den Fuß in Ihre Hände nehmen und mit den Daumen über die Fußsohle spazieren. Bei den Zehen angekommen, wird jeder Zeh einzeln kurz massiert. Anschließend streichen Sie über den Fußrücken und malen mit dem Zeigefinger kleine Kreise um das Fußgelenk, das so viel in Bewegung ist. Streichen Sie mit der Hand zurück zur Hüfte, bevor Sie die gleiche Abfolge am anderen Bein und anschließend an den Armen wiederholen. Zum Schluss können Sie den Bauch Ihres Babys mit kreisenden Bewegungen im Uhrzeigersinn massieren.

gelt, wenn die Beine strampeln. Vielleicht erreicht Ihr Baby die Glocke schon mit den Händen, betastet sie und versucht, daran zu ziehen? Lassen Sie ihm die Zeit, sich an diesem Spielzeug auszuprobieren. Ihr Baby wird von allein entdecken, dass das Glöckchen am Fuß klingelt und wie man es zum Tönen bringt – das ist viel aufregender, als wenn Mama oder Papa es vormachen.

Kleine Expertenrunde

Guten Abend, jetzt massieren wir!

Manche Kinder verlieren die Lust an der Babymassage, wenn sie robben und krabbeln. Jetzt ist (noch) die rechte Zeit für eine Massage! Besonders die Beine und Füße, die den ganzen Tag so viel in Bewegung sind, profitieren von diesem Ritual. Abends, nach dem Wickeln, ist ein schöner Zeitpunkt, um noch eine Massage zu genießen, über den vergangenen Tag zu sprechen und auf diese Weise in die Nacht überzuleiten.

Der siebte Meilenstein:
Hilfe, wir stoßen an unsere Grenzen!

Die FABELhafte Welt des Babys

Noch vor wenigen Wochen konnten Sie bestaunen, wie Ihr Baby begonnen hat, sich auf die Seite zu drehen: Zunächst zufällig und wenig koordiniert, dann immer bewusster. Nun hat es einen Meilenstein erreicht, der die Welt in die „richtige" Perspektive rückt: Das Baby dreht sich vom Rücken auf den Bauch. Seine Muskeln sind so weit ausgereift, dass es sich auf dem Rücken liegend zur Seite bewegt, auf den unteren Schulterbereich stützt und den Kopf seitlich vom Boden abhebt. Die obere Hand greift über den Körper zur anderen Seite, das Baby krümmt den oberen Rücken. Die Beine holen weit aus und bewegen sich auf der Seite ganz so, als ob das Kind einen Schritt vorwärts machen würde.

Liegt es dann auf dem Bauch, streckt es die Ellbogen durch und stützt sich auf die geöffneten Hände. In der Bauchlage kann Ihr Kind mittlerweile den gesamten Brustkorb von der Unterlage abheben, wodurch das Gewicht auf dem Becken und den abgestützten Händen ruht. Wie spannend die Welt

aus dieser Perspektive ist! Nun, nachdem das Baby im ersten Lebenshalbjahr gelernt hat, den Kopf sicher zu halten, sich zu drehen und

Das Kind ist liebevoll im Blick

abzustützen, beginnt im zweiten Halbjahr das Aufrichten und Fortbewegen.

Neue Eindrücke werden verarbeitet

Die neue Haltung verschafft ganz andere Möglichkeiten: Das Baby kann jetzt bewusst eine andere Perspektive einnehmen und überblickt im Hand-Becken-Stütz auch eine größere Fläche. Diese intensiven Erfahrungen führen dazu, dass viele Babys anhänglicher und gelegentlich ungehalten sind. Geben Sie Ihrem Kind die Zeit, um die neuen Eindrücke in Ruhe zu verarbeiten und sie Ihnen „zu erzählen" – oder auch zu weinen. Wenn es schnell Trost erfährt, wird es bald wieder ausgeglichener sein.

Grenzen kennen lernen

Innerhalb der ersten Monate beginnt das Baby zu verstehen, dass es nicht nur abhängig von anderen ist („Mama trägt mich zum Wickeltisch" – „Ich werde ins Bett gelegt, obwohl ich noch bei den anderen bleiben will!"), sondern dass es auch selbst etwas beeinflussen kann. Eine erstaunliche Erkenntnis: Ich merke, dass ich selbst etwas zur Befriedigung meiner Bedürfnissen beitragen kann. Diese Selbstwirksamkeit ist die Voraussetzung für Selbstbewusstsein. Doch stößt das Kind nicht nur auf die positiven Ergebnisse seiner Aktivitäten, sondern wird auch zum ersten Mal mit dem „Nein" konfrontiert, das dem eigenen Handeln Grenzen setzt – was meistens weniger freudig aufgenommen wird.

Was ich so alles sehen kann!

Die Rückenlage bleibt wichtig

Immer noch gibt es auf dem Rücken liegend viel zu erkunden: Das Baby ergreift mit den Händen seine Füße und spielt mit ihnen. Manche Kinder führen die Zehen immer wieder an den Mund, betasten sie und lutschen daran. Der Po hebt sich dabei von der Unterlage ab, wodurch die Lendenwirbelsäule gedehnt und die Bauchmuskulatur gestärkt wird. Das Spiel mit den Füßen bereitet die Muskulatur auf das Krabbeln und Sitzen vor. Es gibt auch Babys, die ihre Füße nicht von selbst entdecken: ihnen kann man die Füßchen immer wieder spielerisch nahebringen mit Massagen und Streichelversen. Setzt man das Kind zu früh aufrecht hin, hat es keine Möglichkeit, diese wichtigen Entwicklungen zu durchlaufen, es kann zu dauerhaften Haltungsschäden kommen.

Zeit für den ersten Brei?

Ihr Baby schaut jeder Gabel, die Sie zum Mund führen, begeistert hinterher und möchte auch probieren? Ein Zeichen, dass langsam die Zeit für Beikost kommt. Manche Kinder stürzen sich nach dem fünften Monat begeistert auf den Brei, andere erst im 7., 8. oder 9. Monat – oder ernähren sich das gesamte erste Jahr ausschließlich von Muttermilch.

Damit das Baby Beikost essen kann, muss aus dem Säugling ein „Löffling" werden: Lippen und Zunge müssen den Brei vom Löffel in den Mund transportieren können. Das Baby hat den Zungenstoßreflex verloren und lernt, die Speise mit der Zunge nach hinten zu schieben. Auch das Verdauungssystem muss für die neue Nahrung ausgereift sein.

Köstliche Kartoffeln

Beginnen können Sie mittags mit einem Gemüsebrei. Zweigen Sie einfach gedünstetes Gemüse vom Familienessen ab. Möhren, Pastinaken oder Kürbis eignen sich gut für den Anfang. Zerdrücken Sie das Essen mit etwas Flüssigkeit, oder pürieren Sie es. Dazu kommt etwas Öl aus biologischem Anbau, z. B. Sonnenblumenöl. Sie können auch statt Wasser etwas Muttermilch hinzufügen. Der Brei braucht weder Salz noch andere Gewürze. Anfangs nimmt Ihr Kind bei jeder Mahlzeit nur wenige Löffel zu sich und steigert von sich aus die Menge – bei manchen geht das schneller, bei anderen langsamer. In der ersten Wo-che bieten Sie nur das Gemüse an, mit dem Sie begonnen haben. Schmeckt es dem Baby, können Sie die Nahrungsmenge langsam steigern. Gemüse enthält viel weniger Kalorien als Muttermilch oder Flaschennahrung, deshalb fügen Sie nach und nach Reisflocken oder Kartoffeln hinzu. Anfangs muss das Kind noch nicht satt werden vom Brei, dafür sind Muttermilch oder Flaschennahrung zuständig. Nicht umsonst heißt es im ersten Lebensjahr „Beikost": Brei ist nur eine Zugabe zum Grundnahrungsmittel (Mutter-)Milch. Hat sich das Baby schließlich an die neue Nahrung und die neue Technik gewöhnt und isst eine Mahlzeit von ca. 150 Gramm, experimentieren Sie genussvoll weiter, mit Fleisch oder einer Getreidesorte mit hohem Eisengehalt, z. B. Hirseflocken. Auch ohne Fleisch wird der Eisenbedarf gedeckt: Muttermilch enthält das Enzym Lactoferrin, das die Eisenaufnahme im kindlichen Organismus ermög-

bei einem entsprechenden Bescheid einfach Leitungswasser verwenden – ab vollendetem 6. Lebensmonat muss es nicht mehr abgekocht werden. Auch ungesüßter Tee ist möglich. Kuhmilch und Säfte sind im ersten Lebensjahr nicht als Getränke geeignet – und auch später nur in verdünnter Form. Nach

---

FABELhafte Brei-Rezepte für den Beikoststart

⮑ Gemüsebrei für den Anfang:

100 g Gemüse (z. B. Pastinake, Kartoffel, Kürbis)

50 ml Wasser

1 EL Pflanzenöl (Raps-, Maiskeim-, Distel-, Sonnenblumenöl)

(Nachdem das Gemüse erst einzeln angeboten wurde):

⮑ Gemüse-Kartoffel-Fleisch-Brei

100 g Gemüse

50 g Kartoffeln

20 g püriertes mageres Fleisch (Rind, Kalb oder Lamm)

1 EL Pflanzenöl (Raps-, Maiskeim-, Distel-, Sonnenblumenöl)

⮑ Vegetarischer Brei

100 g Gemüse

50 g Kartoffeln

100 g Hirseflocken

1 EL Pflanzenöl (Raps-, Maiskeim-, Distel-, Sonnenblumenöl)

50 ml Orangensaft oder als Nachtisch etwas Obstpüree, damit das Eisen durch das Vitamin C besser aufgenommen werden kann.

---

licht; auch in Anfangsnahrung ist Eisen enthalten. Hirse und Hafer, dem Gemüsebrei zugefügt, liefern ebenfalls Eisen. Was kann das Baby zur Beikost trinken? Praktisch und gesund ist Wasser ohne Kohlensäure. Lassen Sie die Qualität Ihres Trinkwassers bei den Wasserwerken überprüfen, dann können Sie

und nach wird eine Brust- oder Flaschenmahlzeit durch den Brei ersetzt. Das kann bis zu einem Monat dauern.

Die FABELhafte Welt der Mutter

In den meisten Erziehungsratgebern ist zu lesen, man könne ein Baby im ersten Lebenshalbjahr oder auch im gesamten ersten Jahr nicht „verwöhnen". Nachdem Ihr Baby die für die Entwicklung so wichtige Selbstwirksamkeit kennengelernt hat, müssen

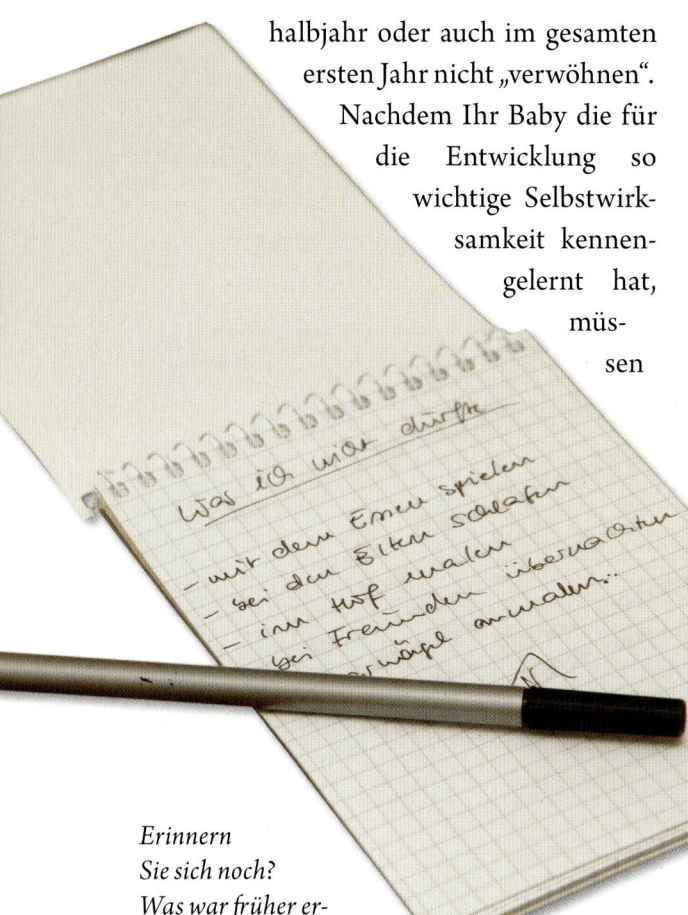

Erinnern Sie sich noch? Was war früher erlaubt, was nicht?

Sie sich mit diesem Thema auseinandersetzen. Ihr Baby weiß nun, dass seine Handlungen Folgen haben. Diese Folgen können sehr angenehm sein, beispielsweise wenn es hungrig nach Ihnen ruft und etwas zu essen bekommt oder wenn es nach einem Spielzeug greift und es in Händen hält. Es gibt aber auch Situationen, in denen Sie nicht einverstanden sind mit seinen Handlungen – das führt zu Unverständnis und Tränen.

Ihr Baby lernt seine Grenzen kennen. Schnell stellt sich die Frage, welche Grenzen notwendig sind und welche nicht. Grenzen und Verwöhnen liegen nah beieinander: Gehen wir

einen Schritt zu weit, dann haben wir schon das „Verwöhnland" betreten, aus dem es keinen Weg zurück zu geben scheint.

Die eigenen Grenzen hinterfragen

Wo die Grenzen liegen, ist bei jedem Menschen unterschiedlich: Ist für es für die eine Mutter kein Problem, das Kind auch noch über den sechsten Monat hinaus abends an der Brust einschlafen zu lassen, können sich das andere Mütter überhaupt nicht vorstellen.

Unsere Grenzen sind Teile unserer eigenen Geschichte. Daher lohnt es sich, die Erfahrungen der eigenen Kindheit zu hinterfragen: Schreiben Sie auf, an welche Grenzen Sie sich aus Ihrer Kindheit erinnern. Gab es Regeln zum Einschlafen oder Essen? War das Elternbett tabu? Dann betrachten Sie die Liste in Ruhe. Welche Gefühle lösen diese Sätze bei Ihnen aus? Heute können Sie und Ihr Partner entscheiden, welche Grenzen für Sie und Ihr Kind wichtig sind.

Viele Eltern haben sich vorgenommen, ganz anders zu reagieren als die eigenen Eltern und sind entsetzt, wenn sie in Stresssituationen genauso handeln. Da hilft der Austausch mit dem Partner: Zum einen sollten Sie in Ihren grundlegenden Erziehungsansichten übereinstimmen, zum anderen hilft das Gespräch über die Erlebnisse der eigenen Kindheit, gemeinsam einen guten Weg zu finden für die notwendigen Grenzen in der Erziehung der eigenen Kinder.

„Verwöhnen" ist nicht gleich „verziehen"

„Verwöhnen" heißt, es jemandem besonders gemütlich oder schön zu machen. Es kann auch bedeuten, dass wir Dinge anders machen als unsere Eltern: Neue Erkenntnisse aus der Hirnforschung und der Pädagogik haben ihren Teil dazu beigetragen, dass wir Babys heute mit anderen Augen sehen als noch vor 20 Jahren. Wir wissen heute, dass man ein Kind mit Liebe und Aufmerksamkeit nicht „verziehen" kann. Die Grenzen, die wir setzen, sind nämlich die Grenzen um das „Verwöhnland" herum, in dem sich unser Kind befindet. Werden wir nicht auch ab und zu gern verwöhnt? Wenn da jemand ist, der uns etwas besorgt (obwohl wir es auch selbst tun könnten), der uns den Kaffee ans Bett bringt oder die Füße massiert, finden wir das auch wunderbar.

Die FABELhafte Welt des Vaters

Wenn das Kind immer mehr ausprobieren möchte und die Zeit des Grenzensetzens beginnt, kommen innerhalb der Partnerschaft noch einmal viele grundsätzliche Dinge zur Sprache. Wieder geht es darum, einen gemeinsamen Weg auszuhandeln. Wenn Sie finden, dass Ihr Kind nicht mit dem Handy spielen soll, dann sollte Ihre Partnerin dieses Verbot in Ihrer Abwesenheit einhalten. Andersherum verhält es sich genauso: Was sich Ihre Partnerin als Grenze wünscht, sollten auch Sie dem Kind vermitteln. Damit respektieren Sie die Werte des anderen.

Viele Eltern sind verärgert, wenn die Babys immer wieder tun, was man ihnen doch verboten hat. „Es will mir zeigen, dass es gewinnt!", denken sie. Aber dazu ist es noch nicht in der Lage. Damit das Kind bewusst etwas tun kann, was Ihren Wünschen widerspricht, benötigt es ausgefeilte kognitive Fähigkeiten, die es ihm ermöglichen, sich in den anderen Menschen hineinzuversetzen. Diese „theory of mind" kann das Kind im ersten Lebensjahr noch nicht entwickeln. Deshalb können Sie sicher sein, dass Ihr Kind seinen Papa nicht ärgern will.

Sicherheit geht vor

Manche Grenzen sind allerdings nicht verhandelbar: Messer, Steckdosen und Scheren dürfen einfach nicht erreichbar sein. Hier können Sie als „Sicherheitsmanager" aktiv werden: Betrachten Sie die Welt aus der Perspektive des Kindes: Legen Sie sich auf den Wohnzimmerboden, krabbeln Sie auf allen Vieren durch den Flur. Sicher gibt es eine Menge zu entdecken! Steckdosen, Blumentöpfe mit Pflanzengranulat, Kabel von Stehlampen oder Schubladen mit Scheren und Messern. Machen Sie eine Liste mit all den Dingen, die gesichert werden müssen. Suchen Sie neue Orte für gefährliche Reinigungsmittel oder all die anderen Dinge, von denen Sie nicht möchten, dass sie in die Hände Ihres Kindes gelangen.

Betrachten Sie die Wohnung immer wieder aus der Sicht des interessierten Kindes!

Auch der Besuch eines Erste-Hilfe-Kurses für Säuglinge und Kleinkinder steht jetzt an. Hier erfährt man, was im Notfall unternommen werden kann, wenn ein Kind einen Fremdkörper verschluckt, sich verbrannt oder vergiftet hat. Der Besuch eines solchen

Checkliste: Sicherheit im Haushalt

- ⮩ Sicherer, stabiler Wickeltisch, an den Seiten deutlich erhöht
- ⮩ Keine Schnüre und Kordeln in Babys Kleidungsstücken
- ⮩ Badewasser nicht über 38°C, Wasserkocher sichern, Herdschutz anbringen
- ⮩ Kindersitz im Auto wird vorschriftsmäßig verwendet
- ⮩ Bremsen des Kinderwagens funktionieren einwandfrei
- ⮩ Steckdosen sind mit Kindersicherung versehen
- ⮩ Keine Tischdecken, scharfe Kanten, rutschende Teppiche
- ⮩ Medikamente sowie Putzmittel kommen in den Oberschrank oder aufs Regal
- ⮩ Die Treppe ist gesichert
- ⮩ Regale und andere Kleinmöbel sind kippsicher befestigt
- ⮩ Der Gartenteich ist gesichert, es gibt keine giftigen Pflanzen in Wohnung oder Garten
- ⮩ Fenster und Balkontüren sind gesichert

Kurses gibt Ihnen mehr Sicherheit im Alltag, aber auch in Notfallsituationen.

Reime, Lieder, Spiele: Mit Sprache und Spiel voraus

Während viele Eltern im ersten halben Jahr das Gefühl haben, dass die Zeit langsam ver-

Gemeinsam auf Entdeckungsreise

geht, ändert sich das jetzt. Das Spiel ihres Kindes wird immer intensiver, und durch das Drehen und die Berührung der Füße sind ganz neue Entdeckungen möglich. Besonders schön ist es, wenn diese Entwicklung sprachlich begleitet wird. Das Baby versteht immer besser, was Sie ihm erzählen. Lieder und Spiele, in denen Körperteile und Spielsachen benannt werden, sind dafür gut geeignet.

Wo ist denn mein Auto?

Dass Ihr Baby anfängt, Ursache und Wirkung miteinander zu verbinden, haben Sie in diesem Kapitel bereits erfahren. Doch noch eine weitere große Leistung des Gehirns wird weiter ausgebaut: das Gedächtnis. Vor einigen Wochen konnte das Baby nur erraten, dass der verdeckte Gegenstand noch da ist. Nun aber können Spielsachen einfach vor den Augen des Kindes verdeckt werden, und Ihr Baby wird mit Freude das Tuch zur Seite ziehen, um an das Spielzeug zu kommen. Nutzen Sie diese neue Fähigkeit zum gemeinsamen Spiel.

Wo sind Deine Hände?

Nach und nach hat das Baby in den letzten Wochen und Monaten seinen eigenen Körper kennen gelernt. Die Hände wurden erkundet, später auch die Oberschenkel und die Schienbeine, und nun kann Ihr Baby vielleicht die Füße in den Mund nehmen. Mit einem kleinen Streichellied können Sie ihm diese Erfahrungen noch einmal nahebringen und ganz nebenbei alle Körperteile benennen, die es schon kennt oder in den nächsten Monaten noch kennen lernen wird.

→ 👁 Nr. 10

Schneebesen, Kochlöffel und Co.

Ihr Baby hat viel Spaß daran, Dinge genau zu untersuchen, sie zu betasten, in den Mund zu nehmen und nach Möglichkeit auch mit den Füßen zu berühren. Sieht es einen spannenden Gegenstand, läuft ihm vielleicht sogar vor Freude der Speichel aus dem Mund: dem Ort, an dem es die Beschaffenheit von Gegenständen am besten ertasten kann. Um Abwechslung ins Spiel zu bringen, müssen Sie jetzt aber nicht jede Menge neue Spielsachen kaufen! Viele Haushaltsgegenstände sind mindestens genauso aufregend, z. B. Schneebesen, Kochlöffel oder Tee-Ei. Auch leichte Rührschüsseln sind wunderbare Spielgefährten, weil das Kind auch die Füße mit benutzen kann. Trauen Sie sich an die Nähmaschine und nähen Nudeln, Reis und Bohnen in kleine Fühlsäckchen ein, die Ihr Baby dann in Ruhe betasten kann.

Der achte Meilenstein:
Kreiseln, Rollen und der sichere Hafen

Die FABELhafte Welt des Babys

Bei seinem letzten großen Entwicklungsschritt hat das Baby gelernt, sich auf den Bauch zu rollen und so eine ganz neue Perspektive einzunehmen. Die meisten Kinder drehen sich anfangs erst einmal zu einer Seite, bevor sie lernen, dass sie sich auch zur anderen Seite drehen können. Das ist ganz normal. Bei manchen Kindern dauert es bis zu einem Monat, bis sie sich nach beiden Seiten gleich gut drehen können.

Nach einer Weile in dieser Position hat Ihr Baby wahrscheinlich festgestellt, dass es sich ausruhen möchte, denn die neue Lage ist ziemlich anstrengend! Viele Kinder sind nach einiger Zeit in der Bauchlage unzufrieden, weil sie noch nicht wissen, wie sie das Gleichgewicht von Anspannung und Entspannung wieder herstellen können. Einige Kinder legen den Kopf ab und ruhen sich aus, andere benötigen dafür die Hilfe der Eltern.

Bald wird Ihr Baby aber eine eigene Strategie entwickeln, wie es sich selbst helfen kann: Es dreht sich vom Bauch auf den Rücken. Auch

Müde vom Spielen?
Ich trage dich

diese Bewegung entsteht oft zufällig: Das Baby blickt schräg nach hinten, legt den Kopf auf der Unterlage ab und rollt auf diese Weise auf den Rücken. Dabei dreht sich die Wirbelsäule zwischen Becken- und Schultergurt.

Den Raum erforschen

Das Drehen erlaubt dem Baby, sich selbstständig im Raum zu bewegen: Immer wieder dreht es sich um die eigene Achse und gelangt auf diese Weise zu neuen Orten. Und es entdeckt auch das Kreiseln als Methode der Bewegung: Um an ein Spielzeug zu gelangen, das seitlich neben ihm liegt, bewegt es sich kreiselförmig um sich selbst.

Damit erweitert sich auch sein Entdeckungsradius: Versteckt man das Spielzeug, mit dem es gerade gespielt hat, unter einer Decke oder hinter einem anderen Gegenstand, versucht es, das Hindernis zu verschieben, um an das begehrte Objekt zu gelangen. Das Baby hat jetzt eine erste Vorstellung von räumlichen Beziehungen entwickelt. Auch nach oben kann es greifen: Befindet sich ein Spielzeug

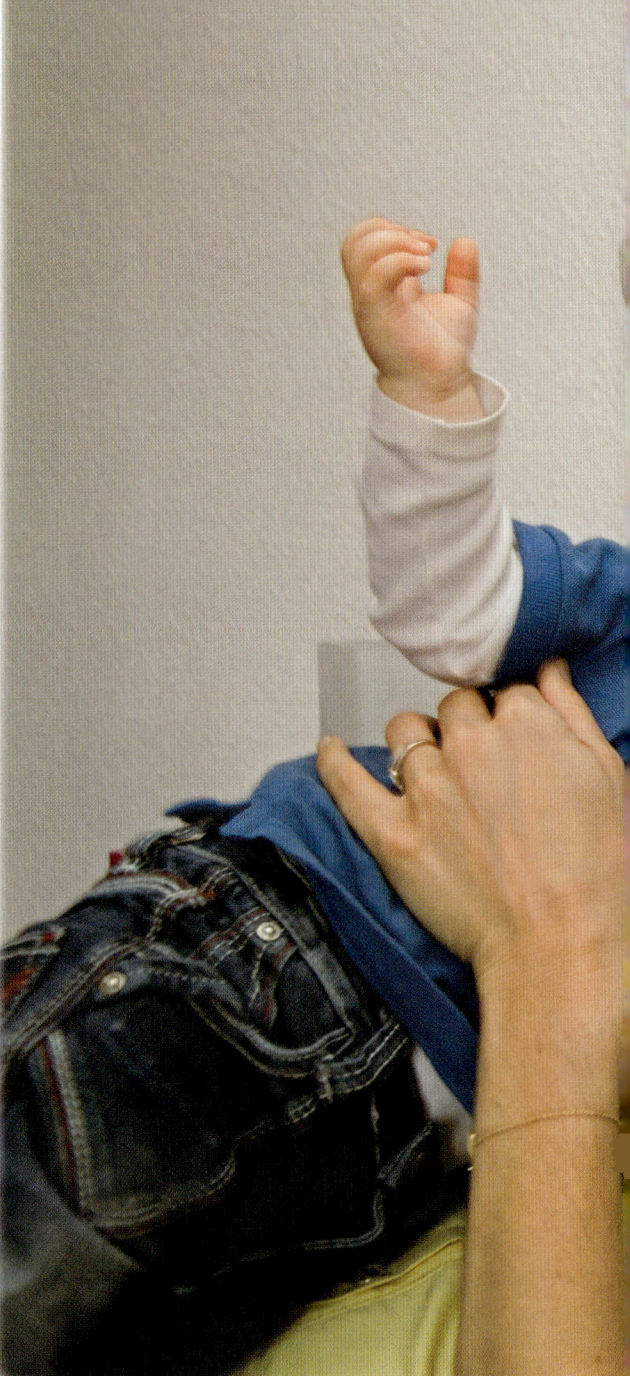

Vertrautes Miteinander

Sophie hat mit sechs Monaten von einem Tag auf den anderen mit dem Fremdeln angefangen. Auf einmal sollte ich sie keine Sekunde mehr allein lassen. Schon wenn ich es gewagt habe, nach dem gemeinsamen Spiel aufzustehen, hat sie angefangen zu weinen. Wenn wir unterwegs waren, sollte niemand in den Kinderwagen hineinsehen – und wenn doch, haben sich sofort die Mundwinkel nach unten verzogen. Es war für mich einfach total anstrengend, und ich dachte, dass das nie vorbeigeht. Ging es dann aber doch – und zwar nach etwa drei Wochen, so schnell, wie es gekommen war.“
Ulrike, 41, mit Sophie

etwa auf Augenhöhe, hebt es einen Arm und streckt ihn danach aus. Dabei stützt es sich auf der anderen Hand, dem Becken und einem hochgezogenen Knie ab.

So wie der Erkundungs- und der Bewegungsdrang voranschreiten, fordert das Baby auf

der anderen Seite Vertrautheit und Nähe ein: Um sich fortzubewegen, braucht Ihr Baby eine sichere Basis, zu der es zurückkehren kann. Viele Babys „fremdeln" in den Zeiten, in denen die Bewegungsentwicklung rasante Fortschritte macht. Mama oder Papa soll dann nach Möglichkeit den Raum nicht verlassen. Manche Kinder weinen und sind vollkommen aufgelöst, wenn das geschieht, andere zeigen nur wenig sichtbare Reaktionen. Gleich ist dabei aber allen Kindern, dass das sogenannte Fremdeln und die Bewegungs-

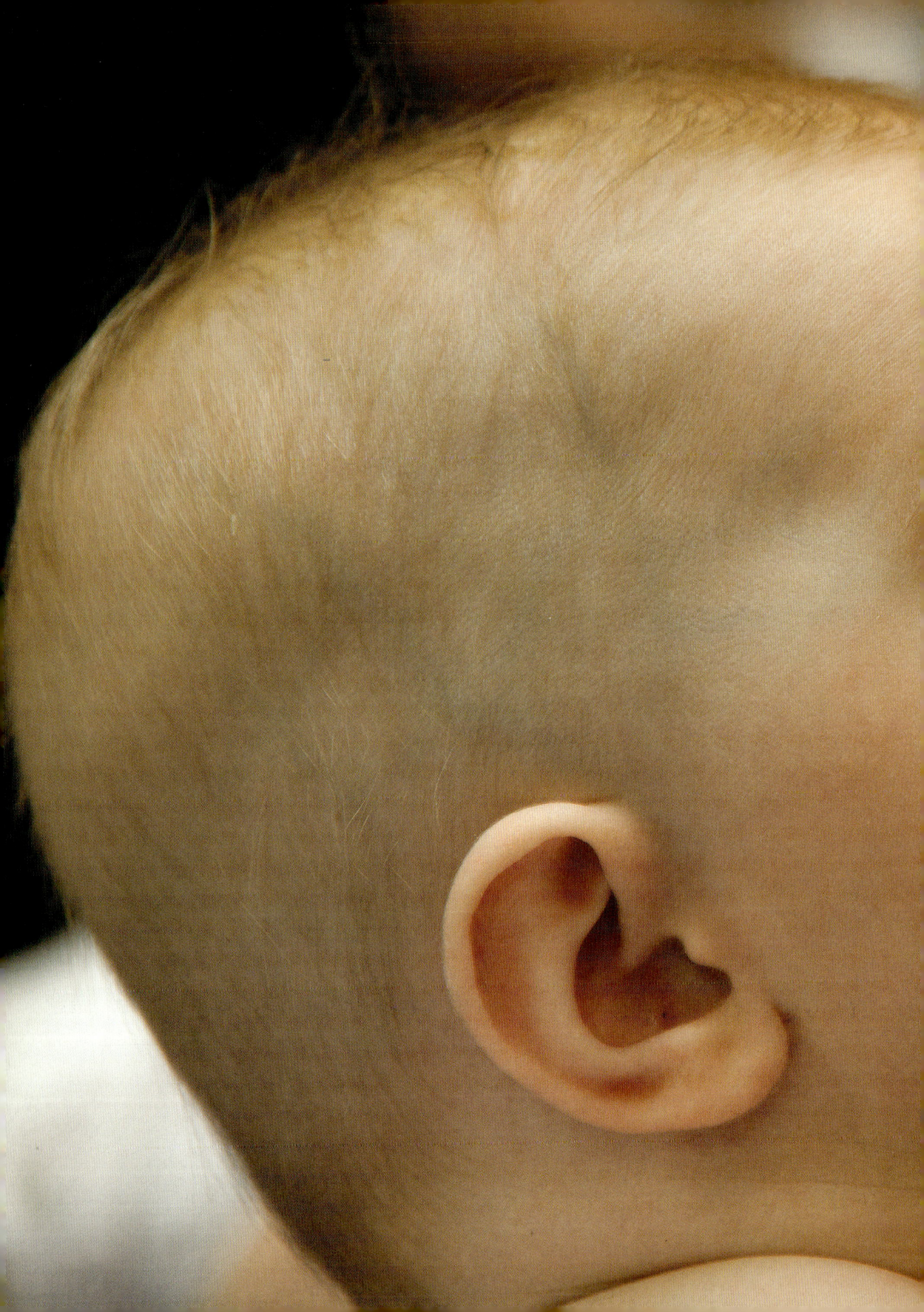

entwicklung in einem engen Zusammenhang stehen: In dem Ausmaß, in dem sich das Kind wegbewegen kann, braucht es die Nähe der Bezugspersonen. Wie ein Schiff einen sicheren Hafen benötigt, zu dem es bei Sturm und zum Auftanken zurückkehren kann, braucht es seinen sicheren Ort – und der sind Sie. Es ist wichtig, dass Sie sein Bedürfnis nach Nähe und Sicherheit erfüllen. Dann kann es sich auch wieder von Ihnen wegbewegen und die Welt erkunden – denn es weiß, dass Mama und Papa immer da sind.

Bereit für den zweiten Brei?

Hat sich Ihr Baby an die neue Form der Nahrungsaufnahme gewöhnt und Spaß am gemeinsamen Essen? Dann können Sie etwa einen Monat nach Beginn der Beikostzeit den zweiten Brei anbieten. Meist wird die Abendmahlzeit durch einen Getreide-(Milch-)Brei ersetzt. Beginnen Sie mit dem Füttern immer dann, wenn das Baby noch nicht so müde ist. Besonders geeignet für den Getreidebrei am Abend sind glutenfreie Reis- oder Hirseflocken. Hat sich Ihr Baby an diese Abendmahlzeit gewöhnt, können Sie nach einer Weile auch andere Getreidesorten ausprobieren wie Dinkel- oder Haferflocken. Zusätzlich zum Getreide wird dem Brei noch Obstmus beigefügt. Manche Kinder mögen das süße Obstmus am Abend nicht und hätten lieber einen herzhaften Getreide-Gemüse-Brei. Warum auch nicht? Warten Sie aber nach der Einführung eines neuen Lebensmittels immer ein paar Tage ab, um zu sehen, wie die Verdauung Ihres Babys reagiert.

Manche Lebensmittel sollten allerdings noch warten: Spinat, Mangold, Tomaten und Rote Bete enthalten teilweise hohe Mengen Oxalsäure (die die Aufnahme von Eisen im Darm erschwert). Kohlrabi, Rote Bete, Kohlrüben und Spinat enthalten viel Nitrat, das in das ungesunde Nitrit verwandelt wird. Kuhmilch kann mit seinem hohen Gehalt an Fremdeiweißen und Kalzium den kindlichen Organismus belasten; zudem verhindert das Kalzium die Eisenaufnahme aus anderen Nahrungsmitteln. Obst- und Getreidebrei lässt sich gut auch ohne Zugabe von Milch zubereiten. Wird Ihr Baby weiterhin nach Bedarf gestillt, deckt die Muttermilch den Bedarf an Proteinen.

Manche Kinder wollen auch nach einem Monat Beikost nicht viel mehr essen als ab und zu ein paar Löffelchen. Machen Sie sich deswegen keine Sorgen. Jedes Kind hat sein eigenes Tempo. Am wichtigsten ist es, Ihrem Kind Freude am Essen zu vermitteln – und das geht nur, wenn es nach seinem eigenen Temperament vorgehen kann.

Die FABELhafte Welt der Mutter

Die Zeit des Fremdelns ist anstrengend für Mütter und Väter. Suchen Sie einfache Lösungen, damit Sie dem Bedürfnis des Babys nach Nähe möglichst entspannt nachkommen können. Mit einer Tragehilfe z. B. können Sie es in der Wohnung bei sich haben. Auch zum Duschen oder auf die Toilette nehmen Sie Ihr Baby einfach mit und legen es dort auf einer kleinen Spieldecke ab.

Soll unser Kind in die Kita?

Vielleicht fragen Sie sich jetzt: „Wie soll das nur werden, wenn mein Kind in die Kita oder zur Tagesmutter kommt?" Keine Sorge! Die Phasen, in denen Ihr Baby Ihre volle Aufmerksamkeit und Nähe braucht, gehen vorüber. Trotzdem sollten Sie spätestens jetzt über die Kinderbetreuung nachdenken. In vielen großen Städten muss man sich lange vorher in den „Wunschkindertageseinrichtungen" anmelden und auf Wartelisten setzen lassen.

Welche Erfahrungen haben Sie selbst gemacht, als Sie klein waren? Die eigene Geschichte prägt unsere Vorstellungen darüber, was wir für unsere Kinder wollen. Waren Sie in der Krippe oder im Kindergarten, oder hat Ihre Mutter oder ein anderer Familienangehöriger Sie in den ersten Lebensjahren betreut? Welche Erinnerungen haben Sie da-

---

Worauf muss ich bei der Kita-Auswahl achten?

⇨ Passen die Öffnungszeiten zu meinem Bedarf?

⇨ Ist die Kindertageseinrichtung von zu Hause und von der Arbeit gut zu erreichen?

⇨ Lesen Sie die Konzeption der Kindertageseinrichtung und überprüfen Sie, ob die Leitlinien mit Ihren Grundgedanken über Erziehung übereinstimmen.

⇨ Sehen Sie sich die Räumlichkeiten an, sprechen Sie mit Erzieherinnen und Leiterinnen. Achten Sie auf Ihr Gefühl und beurteilen Sie danach, ob dieser Ort der richtige für Sie und Ihr Kind ist. Beobachten Sie auch die Kinder beim Spielen: Fühlen sie sich wohl und herrscht eine harmonische Atmosphäre?

ran? Tauschen Sie sich über Ihre Ängste und Wünsche mit dem Partner aus und finden Sie auf diese Weise gemeinsam einen Weg.

Die FABELhafte Welt des Vaters

In der Fremdel-Phase des Babys taucht manchmal ein altbekanntes Gefühl wieder auf: die Eifersucht auf die Mutter.

Manche Kinder fremdeln anfangs so stark, dass sie sich auch dem arbeitenden Elternteil gegenüber abwehrend verhalten. Ist der Vater für einen langen Zeitraum am Tag oder gar mehrere Tage in der Woche nicht zu Hause, reagiert das Baby ablehnend, wenn es ihn wiedersieht. Es wendet sich ab, weint und möchte lieber dort bleiben, wo es schon den ganzen Tag war: bei Mama. „Ich habe mich den ganzen Tag auf mein Kind gefreut, und jetzt weint es, wenn ich komme!" Frust und Ärger sind vorprogrammiert. Viele Kinder schlafen in dieser Zeit auch schlechter, und so ist zusätzlich die Nachtruhe gestört. Alles in allem also eine ziemlich anstrengende Zeit – die aber auch vorübergeht. Und seien Sie sich sicher: Die große Zeit der Väter kommt!

„Als Jonas noch klein war, habe ich viel gearbeitet, manchmal sogar am Wochenende. Auch aus dem Gefühl heraus, dass ich ja das Familieneinkommen sichern muss. Eines Tages kam ich nach Hause, und Jonas wollte nichts mehr mit mir zu tun haben! Ich habe mich als miserabler Vater gefühlt. Natürlich war ich das nicht, denn ich habe eigentlich jede freie Minute außerhalb der Arbeit mit meiner Familie verbracht. Ich habe ein wenig kürzer getreten im Job, und heute sind wir ein super Vater-Sohn-Team."
Tim, 32, mit Jonas

Hier wird ein Lockenwickler genauestens erforscht

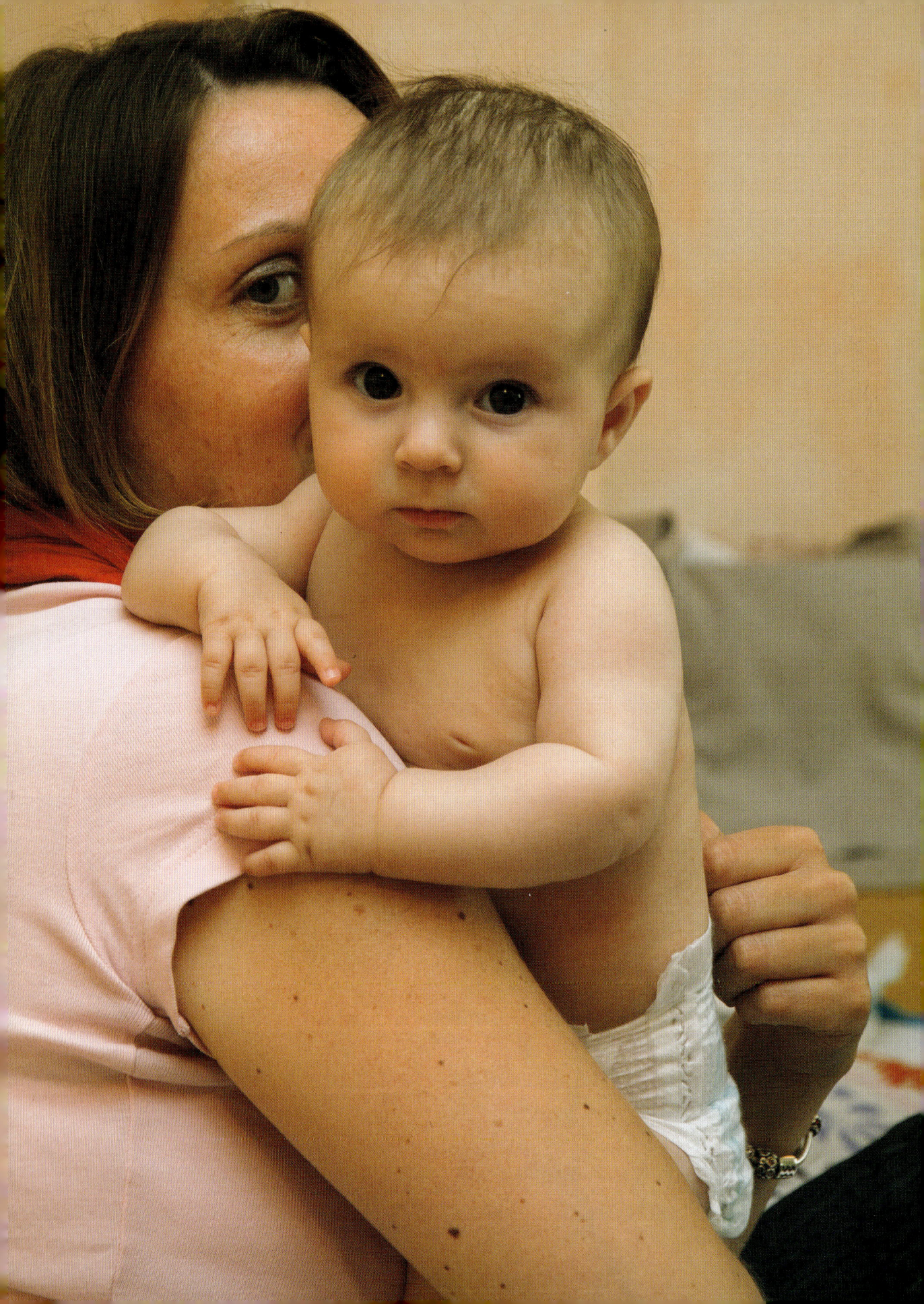

Reime, Lieder, Spiele: Raum zum Spielen geben

Ihr Kind ist mittlerweile schon sehr mobil. Obwohl es noch nicht krabbelt, bewegt es sich alleine fort. Denken Sie an unsere Sicherheitshinweise (S. 82) und gestalten Sie einen Raum zum freien Bewegen. Wenn Sie nicht Ihre ganze Wohnung zur „gefahrenfreien Zone" umgestalten können, setzen Sie Absperrgitter ein. Auf jeden Fall sollte Ihr Baby die Möglichkeit haben, sich über größere Strecken hinweg bewegen und so die Räume erkunden zu können.

Ein Spielbrett gestalten

Nutzen Sie die Reste von den letzten Renovierungsarbeiten, um Ihrem Baby eine spannende Entdeckungslandschaft zu gestalten: Nehmen Sie ein Regalbrett und kleben Sie darauf z. B. Spiegelfolie, Teppichreste, einen Schwamm oder auch eine Bürste oder einen Waschlappen auf. Die Ecken werden mit Kantenschützern abgerundet. Ihr Kind kann das Spielbrett betasten, die unterschiedlichen Materialien vergleichen und sich in der Spiegelfolie anschauen. Ein Spielzeug, das noch lange Zeit Freude bereitet

Jetzt ist Spielpause!

und immer wieder leicht abgewandelt werden kann!

In der Decke den Raum erkunden

→ 🔘 Nr. 11

Auch wenn das Kind mittlerweile sehr mobil ist, lässt es sich weiter gern tragen, schieben oder ziehen. Legen Sie es auf eine Decke und ziehen es durch den Raum. Dabei können Sie ihm erzählen, woran Sie vorbeifahren, oder Sie singen ein Lied zur Begleitung. Je größer Ihr Kind wird, desto wilder darf die Fahrt werden. Auch Dreijährige lieben dieses Spiel!

Gemeinsam durch den Raum rollen

Legen Sie sich mit dem Rücken auf den Fußboden und Ihr Baby auf Ihren Bauch. Umarmen Sie es so, dass eine Hand den Kopf umfasst und eine Hand den Po hält. Nun können Sie sich langsam seitwärts rollen, wobei sie sich ganz auf Ihren Unterarmen abstützen, um nicht mit Ihrem Körpergewicht auf dem Baby zu liegen. Bewegen Sie sich langsam durch den Raum. Viele Kinder sind erst einmal überrascht, genießen aber das gemeinsame Rollen in den sicheren Armen von Mama oder Papa. Und ganz nebenbei wird auch noch Ihre Bauchmuskulatur aktiviert!

Der neunte Meilenstein:
Zwergensitz und Wippbewegung

Die FABELhafte Welt des Babys

Bewegungspause! Das Baby liegt auf dem Rücken und spielt mit beiden Händen. Es umfasst zwei kleine Spielzeuge und erforscht sie. Welche Geräusche macht es, wenn ich Holz aufeinander klopfe? Wie fühlt es sich an, wenn ich zwei Dosendeckel gegeneinander schlage? Liegt das Kind auf dem Bauch, kann es nun mit einer Hand auch gut nach oben greifen, während sich die andere Hand am Boden abstützt und das Gleichgewicht hält. Daraus entwickelt sich eine neue Haltung: Das Baby liegt auf einer Körperseite, stützt sich mit dem Ellbogen auf der Unterlage ab und hat den anderen Arm frei zum Spielen. Aus dieser Position heraus greift es gern nach oben, um an ein Spielzeug zu gelangen, oder es untersucht seine Spielsachen auf dem Boden genau. Hat es genug gespielt, legt es vielleicht den Kopf auf die Seite und macht eine kleine Pause.

Rückwärts unters Sofa

Nun fängt das Baby an, sich durch Abstützen auf beiden Händen von der Stelle zu schieben – die erste Zeit oft im „Rückwärtsgang", was sehr frustrierend ist: Da liegt das begehrte Spielzeug praktisch vor der Nase, und anstatt näher heranzurücken, rutscht es immer weiter weg, und das Kind klemmt unterm Sofa fest. Doch schon bald macht es die ersten Vorwärtsbewegungen, indem es sich mit den Armen abwechselnd nach vorne zieht. Bald setzt es auch die Beine dabei ein und kommt besser von der Stelle. Dafür muss es sich gewaltig anstrengen und tut seine Unzufriedenheit mit häufigerem Quengeln kund. Seine vielen Aktivitäten begleitet das Baby mit Lauten wie „ba", „wa" oder auch „ei", und Sie können schon an der Art der Betonung hören, ob es sich gerade anstrengt, aufgeregt ist oder zufrieden spielt.

Bald hat Ihr Kind den nächsten Bewegungsschritt erlernt, den Hand-Knie-Stütz. Wenn es sich auf den Händen abstützt, schiebt es sein Körpergewicht immer öfter nach hinten und hebt den Po von der Unterlage ab. In dieser Position stärkt das Baby alle Muskeln, die für das Krabbeln wichtig sind. Zunächst aber schiebt es sich ständig in diese Haltung und wippt hin und her.

Ist die Zeit reif für den dritten Brei?

Gehört Ihr Baby auch zu den Kindern, die schon abends und mittags Beikost essen, ist

---

FABELhafter Getreide-Brei

100 ml	Wasser
20 g	Getreideflocken
1 TL	Öl
	oder
5 g	Butter
50–100 g	Obstmus

So gelingt Obstmus schnell und einfach: 1 säurearmen Apfel/1 Birne/Aprikose … geschält und zerkleinert in etwas Wasser dünsten und pürieren.

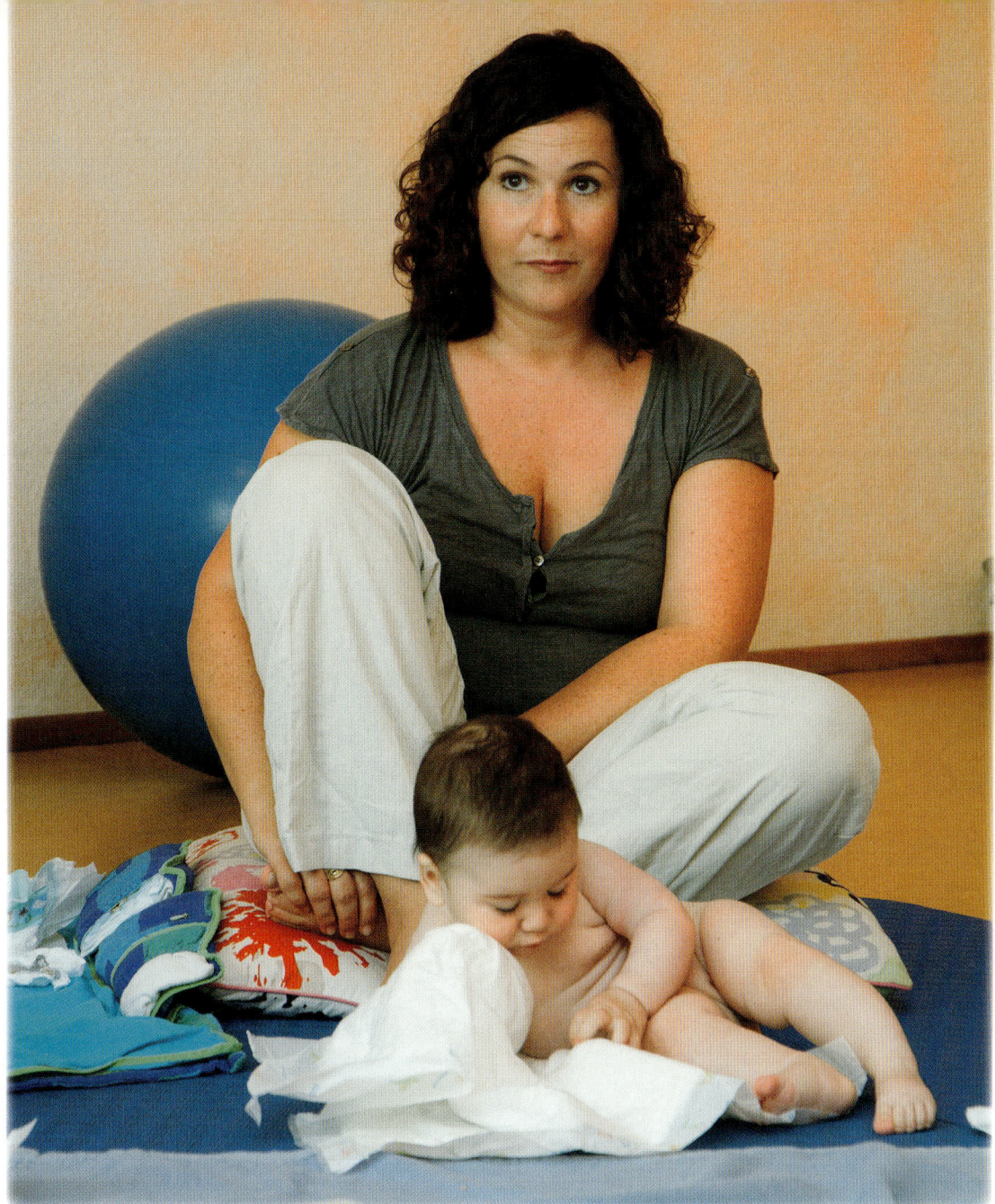

Schneidersitz für die Mutter, Zwergensitz fürs Kind

nun der Zeitpunkt für den dritten Brei gekommen, entweder am Vor- oder am Nachmittag. Wie abends besteht er in der Regel aus Getreide und Obst. Zusätzlich sollte es weiterhin nach Bedarf gestillt werden. Haben Sie bereits abgestillt oder möchten vor Ende des ersten Lebensjahres abstillen, benötigt Ihr Kind noch bis zum ersten Geburtstag täglich etwa 500 ml Säuglingsnahrung oder entsprechende andere Milchprodukte. Zusätzlich können Sie Wasser aus einem Glas oder der Trinklernflasche anbieten.

Die FABELhafte Welt der Mutter

„Wann gehört mein Körper eigentlich wieder mir?" Mütter wünschen sich wieder Selbst-

Muskeltraining: Bald kann ich ganz schnell krabbeln

ständigkeit – um z. B. einfach mal abends aus-zugehen und ohne schlechtes Gewissen ein Glas Wein zu trinken; oder ein Wochenende mit Freundinnen wegzufahren; oder heilzu-fasten, ohne auf das stillende Kind Rücksicht nehmen zu müssen. Gleichzeitig meldet sich das schlechte Gewissen: „Dein Baby ist noch so klein, und du denkst nur an dich!"

Diese ambivalenten Gefühle tauchen bei den meisten Frauen auf. Gehen Sie ihnen auf die Spur und erkunden Sie, wie Sie sich selbst et-was Gutes tun können.

Abstillen?

Soll ich endgültig abstillen, fragen sich viele Mütter. Und oft wird die Entscheidung Wo-che für Woche verschoben. Muttermilch ist die natürliche Ernährung für das Baby – für das gesamte erste Jahr und darüber hinaus. Dennoch entscheiden sich viele Frauen im zweiten Lebenshalbjahr ihres Babys gegen das Stillen. Eine Richtlinie dafür, wie lange gestillt werden darf, gibt es nicht. Weltweit wird im Schnitt 30 Monate gestillt. Finden Sie für sich die optimale Zeit heraus. Wenn der Zeitpunkt gekommen ist, an dem Sie sich für das Abstillen entscheiden, geben Sie sich und Ihrem Kind die Zeit für einen langsamen Ausklang der Stillbeziehung. Seien Sie sich dabei sicher: Das Abstillen löst nicht Ihre enge Beziehung, sondern macht Platz für eine ganz neue Art des Miteinanders. Vielleicht haben Sie schon Argumente wie diese gehört: „Es gewöhnt sich dann an keine andere Nahrung mehr", oder „Das Kind wird an Allergien leiden, wenn zu lange gestillt wird". Das ist allerdings Unsinn. Muttermilch bietet Ihrem Baby noch für eine lange Zeit so wertvolle Inhaltsstoffe wie keine andere Nahrung. Sie müssen auch nicht befürchten, dass Sie Ihr Baby durch langes Stillen abhängig von sich machen würden.

Wie auch immer Ihre Entscheidung aussieht: Gehen Sie den Weg, der Ihrem Gefühl entspricht. Wichtig ist, dass Sie dem Baby zeigen, wie man seinen eigenen Weg findet und ihn ganz gelassen gehen kann. So fühlt sich Ihr Baby auf jedem Weg sicher und geborgen – wohin er auch führt.

Länger stillen?

Etwas tun – nur für sich

Ein Baby zu haben, ist ein Vollzeitjob – inklusive Nachtschichten. Das trifft insbesondere heute zu, wo wir oft keine Familie in der Nähe haben, die uns etwas von der alltäglichen Elternarbeit abnimmt. Haben Sie in den letzten Monaten andere Eltern in dieser Situation kennen gelernt, scheuen Sie sich nicht, um Unterstützung zu bitten und selbst anzubieten. Gegenseitig Besorgungen erledigen, gemeinsam mit anderen Müttern kochen oder zu Mittag essen:

Das tut gut im Elternalltag. Und wenn Sie einfach mal alleine sein wollen? Setzen Sie mit einer Freundin regelmäßige Zeiten fest, in denen die eine beide Kinder betreut und die andere sich einen Einkaufsbummel oder einen Saunabesuch gönnt. In der nächsten Woche tauschen Sie die Rollen.

gereicht oder aus dem Wohnzimmer gerufen, dass Sie heute Pizza holen sollen – ein entspannter Abend sieht anders aus. Nur nicht die Laune verderben lassen! Sie beide sind mit anspruchsvollen Vollzeitjobs beschäftigt. Sie selbst in Ihrer Berufstätigkeit, Ihre Frau mit Kind und Haushalt. Zwar ver-

Was steht auf dem Plan für den heutigen Abend?

Die FABELhafte Welt des Vaters

Gelingt es der Mutter tagsüber trotz durchwachter Nächte und Erschöpfung, mit dem Kind liebevoll umzugehen, ist manchmal am Abend einfach nicht mehr genug Kraft vorhanden für den freundlichen Umgang mit Ihnen. So kommen Sie nach einem anstrengenden Tag nach Hause und werden sehr „unsanft" empfangen: Da wird gleich in der Wohnungstür das Kind zum Wickeln

dienen Sie das Geld, doch ist die Arbeit zu Hause nicht weniger anstrengend. Nun geht es wieder einmal darum, gute Kompromisse auszuhandeln und Aufgaben neu zu verteilen. Führen Sie einen geregelten Feierabend ein mit klaren Vereinbarungen: Papa übernimmt das Baby, wickelt es und macht mit ihm zusammen das Abendessen. Hat sich die Mutter in der Zwischenzeit ausgeruht, wird sie beim gemeinsamen Abendessen wieder spannende Gesprächspartnerin sein.

Väter und Stillen

Beschäftigt sich Ihre Partnerin gerade mit dem Thema „Abstillen"? Natürlich beeinflusst auch Ihre Meinung und die gemeinsame Sexualität die Entscheidung. Mütter stillen länger, wenn sie von den Vätern unterstützt werden. Fließt in erotischen Momenten die Milch? Wenn Sie das beide stört, versuchen Sie es doch mal mit einem tollen Still-BH – und tragen die Sache mit Humor … Stillen ist ein ganz besonderes Band zwischen Mutter und Kind und prägt das erste Lebensjahr sehr. Deshalb sollten Sie auch zu zweit – oder eigentlich zu dritt – zu einer guten Lösung für alle kommen.

Reime, Lieder, Spiele:
Mit voller Kraft voraus

Im Moment ist Ihr Baby kaum zu halten: Es robbt durch den Raum, kreiselt, erkundet Gegenstände auf der Seite liegend, geht in den Hand-Knie-Stütz und wippt dabei vor und zurück. Ganz diesen Aktivitäten entsprechend macht nun alles Spaß, was mit Bewegung und neuen Perspektiven zu tun hat. Haben Sie aber Geduld – auch wenn sich das Baby nun von der Stelle bewegt, braucht es Kraft, um größere Strecken zu überwinden. Kuscheleinheiten und Ruhepausen sind deswegen genauso wichtig wie die Möglichkeit, den Raum zu erkunden.

(Ver-)lockendes Spielzeug

Wenn Ihr Baby in Entdeckerlaune ist und auf dem Boden liegt, bewegt es sich gerne auf spannende Dinge zu. Machen Sie daraus ein kleines Spiel: Legen Sie sich ebenfalls auf den Boden, aber etwas entfernt von Ihrem Baby. Locken Sie es mit einem Nachziehspielzeug in Ihre Richtung. Hat es Sie erreicht, gibt es eine Kuscheleinheit zur Entspannung.

So machen Sie ein Nachziehtier selbst: Durchstechen Sie Deckel von Breigläschen, oder nehmen Sie große Knöpfe und fädeln Deckel und Knöpfe auf eine stabile Schnur. Das sieht beim Bewegen interessant aus und macht tolle Geräusche.

Eine Etage höher, bitte!

Nun entdeckt Ihr Baby die „zweite Etage": Im Hand-Knie-Stütz streckt es das Köpfchen immer weiter nach oben. Legen Sie eine kleine Erhöhung in den Raum, eine Matratze oder eine umgedrehte Holzschublade, die stabil genug ist, um das Baby zu tragen. Vielleicht gelingt es Ihrem Kind schon, sich an dieser Erhöhung abzustützen.

Zeit für Ruhepausen

Wenn Ihr Baby den ganzen Tag über viel unterwegs ist und neue Entdeckungen macht, sind Ruhepausen von großer Bedeutung –für Sie beide. Kinder lieben Rituale und immer gleiche Abläufe. Warum also nicht eine Ruhepause zwischendurch oder auch den Mittagsschlaf mit einem kleinen Lied einleiten? Machen Sie es sich gemütlich und sprechen Sie mit Ihrem Baby. Erklären Sie, wie wichtig die Pause ist, um wieder neue Kraft zu schöpfen für die vielen Abenteuer, die nach dem Mittagsschlaf noch warten.

➜ 💿 Nr. 12

Der zehnte Meilenstein: *Multitasking*

Die FABELhafte Welt des Babys

Ihr Baby bewegt sich bereits rollend und kreiselnd umher. Manche Kinder gehen nun in den Kniestand und betrachten so die Welt von einer höheren Warte aus.

Ihr Baby versucht geduldig und ausdauernd, diese neue Haltung einzunehmen: Manche Kinder kommen aus der abgestützten Seitlage heraus in den schrägen Sitz, andere aus der Wippbewegung beim Hand-Knie-Stütz. Liegt das Baby auf der Seite, richtet es sich immer weiter auf und stützt sich schließlich mit einer Hand ab. Anfangs sieht diese Sitzposition noch etwas wackelig aus, aber das Baby wird täglich sicherer und ist stolz auf seinen neuen Überblick. Andere Kinder schaukeln sich ins Sitzen, wenn sie beim Wippen im Hand-Knie-Stütz das Körpergewicht immer weiter nach hinten verlagern und sich irgendwann in den schrägen Sitz hochstemmen. Kann Ihr Baby sich alleine in die Sitzposition bewegen und sitzt aufrecht, können Sie es auch hinsetzen. Seine Muskulatur ist so weit ausgreift, dass sie sein Gewicht tragen kann.

Auch Indianer kennen Schmerzen!

Wenn Kinder mobiler werden, häufen sich kleine Unfälle; und auch die Sitzversuche enden zunächst oft mit einem Aufprall auf dem Fußboden. Natürlich ist das Baby erschrocken darüber, dass es unsanft aus seinem Tun gerissen wurde – und außerdem hat es wehgetan.

Nehmen Sie das Erschrecken und den Schmerz wahr, und sprechen Sie darüber. Ganz besonders Babys und Kleinkinder brauchen Erwachsene, die ihre Gefühle annehmen und versprachlichen; so nehmen sie ihnen auch einen Teil des Schreckens. Wenn Sie Ihrem Baby die entsprechende Botschaft zu seinem Gefühl geben, wird es in seiner eigenen Wahrnehmung sicher.

Die Sachen beim Namen nennen

Um den 8. Monat herum hat Ihr Kind das dreidimensionale Sehen gelernt. Ungefähr am Ende des 9. Monats kommt eine weitere Fähigkeit dazu: Das Baby lernt, seine Aufmerksamkeit gleichzeitig auf Menschen und Dinge zu richten. Bisher war es nur möglich, dass sich das Baby entweder auf einen Gegenstand *oder* eine Person konzentriert. Nun aber blickt es interessiert in die Richtung, in die auch Mama und Papa sehen, oder zeigt ganz bewusst auf einen Gegenstand, den es haben möchte oder von dem es mehr erfahren will. Wenn es im Laden auf all die bunten Dinge zeigt, heißt das nicht unbedingt nur, dass es sie gerne anfassen möchte, sondern auch, dass es wissen will, was da zu sehen ist. Erklären Sie ihm die Welt, benennen Sie alle Sachen, die es in Ihrem Alltag gibt.

Das erste „Mama"

Der passive Wortschatz, also die Wörter, die Ihr Baby schon versteht, aber noch nicht selbst aussprechen kann, wächst stetig; bestimmt haben Sie auch schon bemerkt, dass Ihr Kind auf einige Schlüsselwörter genau reagiert. Das Baby beginnt nun mit langkettigen Silben wie „dadada" oder „mamama". Ob Ihr Baby etwa Sie meint, wenn es freudig „mamama" ruft? Sie unterstützen diese Äußerungen, wenn Sie die Silben aufgreifen, etwa: „Ja, *Mama* ist hier!" Durch diese Verstärkung lernt das Kind, die Äußerungen gezielt einzusetzen. So wird aus „mamama" bald ein stolzes „Mama"!

Die FABELhafte Welt der Mutter

Langsam geht das erste Lebensjahr Ihres Babys zu Ende. Für viele Mütter rückt damit das Thema des beruflichen Wiedereinstiegs heran. Nicht selten stellen sich Mütter die Frage: Will ich überhaupt zurück in meinen alten Job, und wenn ja, wie? Ist er mit meiner neuen Familiensituation vereinbar? Eltern betrachten einen möglichen Arbeitsplatz unter neuen, familienrelevanten Gesichtspunkten. Zu den Fragen nach Gehalt, Sicherheit und beruflichem Weiterkommen kommen neue Aspekte dazu: der Weg vom Kindergarten zum Arbeitsplatz, die Arbeitszeiten oder auch die emotionale Belastung bei bestimmten Tätigkeiten. Manchmal haben sich während der Elternzeit die Strukturen am alten Arbeitsplatz verändert, oder es stehen neue Aufgaben an, wenn Sie nach der Elternzeit nur in Teil- statt in Vollzeit zurückkehren.

*Gut ausbalanciert:
die ersten Sitzversuche*

Damit Sie nach dem Wiedereinstieg nicht mit unerwünschten Neuerungen konfrontiert werden, klären Sie frühzeitig, wie Ihre Aufgaben und Arbeitszeiten aussehen werden. Bleiben Sie in Kontakt mit Ihren KollegInnen und sprechen Sie mit Vorgesetzten über Ihre neuen Aufgaben und die Vereinbarkeit von Beruf und Familie.

Und wenn Sie feststellen, dass es einfach nicht mehr passt? Viele Mütter suchen sich nach der Elternzeit einen neuen Arbeitgeber oder sogar einen neuen Beruf und wagen den Sprung in eine Weiterbildung oder die Selbstständigkeit. Zu Beginn ist manchmal noch nicht klar, wohin der Weg führen soll. Im Austausch mit anderen Müttern, dem Partner und Freunden können Sie ausloten, welche Tätigkeit in welchem Umfang zu Ihrer neuen Lebenssituation passt. Auch professionelle Beratungsstellen helfen weiter und können wichtige Impulse geben.

Die FABELhafte Welt des Vaters

Gegen Ende des ersten Jahres rückt bei vielen Paaren der Rollentausch näher: Die Elternzeit des einen endet, der andere übernimmt. Oft haben die Mütter die ersten Monate Elternzeit genommen. Viele Väter empfinden ihren Kurzausstieg aus dem Berufsleben als Chance, um die wichtigen Anfangsjahre intensiv mit dem Kind zu verbringen und Abstand vom Beruf zu bekommen. Andere sehen der Elternzeit mit gemischten Gefühlen entgegen: Was soll ich den ganzen Tag mit meinem Kind machen? Wird mir das alles zu viel werden? Ist mein Arbeitsplatz sicher? Gegen die Verunsicherung hilft eine gute Vorbereitung.

Klären Sie mit Ihren Vorgesetzten, wie Sie die Arbeit gut und effizient übergeben, was Sie noch vorher erledigenden können und auch den Ablauf und mögliche Aufgaben nach Ihrer Rückkehr. Auch der Übergang ins Private ist wichtig: Die Freunde hat man in den ersten Monaten nach der Geburt nicht mehr so häufig getroffen, manchmal wird auch der Freundeskreis kleiner. Mit dem Beginn der Elternzeit wären solche Kontakte aber wichtig: Väter untereinander können viele Dinge besprechen und den Alltag effektiver organisieren. Hören Sie sich deswegen schon jetzt um, wer aus Ihrem Freundes- und Bekanntenkreis in derselben Situation ist, sodass Sie sich

„Hallo, Papa! Schau mir zu, wie ich sitzen kann!"

Aufgaben und Spaß teilen können. Wenn Sie noch keine passenden Männer kennen, beginnen Sie jetzt damit, neue Kontakte zu knüpfen. In vielen Städten gibt es Väterzentren oder -gruppen. Vielleicht kennen Sie schon einen Vater aus der FABEL-Gruppe Ihres Kindes, mit dem Sie sich in den nächsten Monaten regelmäßig treffen.

Reime, Lieder, Spiele: Zusammenhänge erkennen

Das Baby ist nun besonders an Zusammenhängen interessiert und auf vielen Entdeckungstouren unterwegs. Großen Spaß bereiten ihm Dinge, mit denen es Ursache und Wirkung erforschen kann. Während es durch seine Fortbewegung etwas über Distanz und Nähe erfährt, kann es im Spiel mit Kisten und Kästen viel über Innen und Außen lernen. Dazu kommt auch ein immer stärkeres Interesse an Gesten, die es im Alltag sieht und bald mit großer Freude nachahmt.

Rasselflaschen

Befüllen Sie leere Plastikflaschen mit unterschiedlichen Materialien: Reis, Erbsen, einem Stoffband, einer Murmel. Ihr Kind schüttelt die Flaschen und hört, wie sich die Klänge der einzelnen Flaschen unterscheiden. Natürlich müssen die Flaschen gut verschlossen sein, damit die kleinen Kinderhände sie nicht öffnen können.

Ein- und Ausräumen

Ihr Kind liebt es, Dinge aus Kisten, Schüsseln und Körben auszuräumen. Anstatt sich darüber zu ärgern, dass die frisch gewaschene Wäsche auf dem Boden landet, geben Sie ihm ei-

Rasselflaschen mit unterschiedlichen Materialien machen lange Freude

ne eigene Kiste, die es aus- und wieder einräumen kann. Was kommt da hinein? Viele saubere Gläschendeckel, Holzbausteine, Löffel – Ihrer Fantasie sind keine Grenzen gesetzt. Wechseln Sie die Materialien immer mal aus, und bieten Sie Ihrem Baby das alte Spielzeug ein paar Tage später wieder an.

Klatschen und Winken – langsam beginnen

Das Herz geht uns auf, wenn die Kinder zum ersten Mal winken oder bei einem Lied in die Hände klatschen. Dieser Moment ist fast so wichtig wie das erste Lächeln oder die ersten Schritte. Und auch das Kind freut sich über sein Können – und mehr noch darüber, wie sehr sich die anderen freuen. Langsam beginnt die Zeit, in der Ihr Baby fröhlich mitmacht. Wenn es noch keine eigenen Versuche unternimmt, zeigen Sie ihm die Handbewegungen immer wieder. Besonders viel Spaß macht es, wenn beides musikalisch unterlegt wird! ➔ 🔘 Nr. 5

Der elfte Meilenstein:
Krümelchen, du entkommst mir nicht!

Die FABELhafte Welt des Babys

Im letzten Kapitel haben wir gesehen, wie das Kind Verschiedenes gleichzeitig wahrnehmen und begreifen kann. Beobachten Sie Ihr Baby beim Erforschen seiner Umgebung: Nichts davon ist banal! Gerade rollt Mama einen Wasserball den Flur entlang; er wirft einen Schatten, der sich mitbewegt. Dann rollt sie einen zweiten hinterher; beide Bälle stoßen aneinander. Was passiert? Aus dieser Faszination für Bewegung und folgerichtige Abläufe speist sich der Wunsch nach Wissen, der ein ganzes Leben anhält.

Vom Großen zum Kleinen

Aber nicht nur das Verständnis für größere Zusammenhänge nimmt zu, Ihr Baby konzentriert sich jetzt auch auf kleine Dinge: Es benutzt seine Hände nun ganz präzise und kann mit dem Zangengriff, bei dem der Daumen dem gebeugten Zeigefinger gegenübersteht, auch kleinste Krümel vom Boden aufnehmen; beim Pinzettengriff, der schon vor etwa einem Monat eingesetzt wurde, ist der Zeigefinger gestreckt. Immer noch steckt es vieles von dem, was es untersuchen will, in den Mund. Sicher haben Sie aber bemerkt, dass Ihr Kind vorher die Dinge genau betrachtet. Faszinierend, was alles untersucht werden muss: ein Dosendeckel, Kekskrümel, eine Erbse, die gerade auf den Boden gerollt ist. Alles ist spannend, und Ihr Kind ist hoch motiviert, es zu untersuchen.

Dem Kind geht es nicht um Technik oder Stil – es will schnell ans Ziel kommen. Automatisch stimmt es die Bewegungen von Armen und Beinen aufeinander ab und perfektioniert so seine Fortbewegungsmethode. Dabei gibt es eine übliche Reihenfolge: Kreisrutschen – Robben – Kriechen – Vierfüßlertechnik – Hochziehen – Gehen. Und es gibt viele unorthodoxe Methoden, die aber auch zum Ziel führen: Manche Kinder lassen das Robben aus, manche bewegen sich in Rückenlage in einer Art Brücke, manche kommen mit Hosenbodenrutschen vom Fleck. Geben Sie Ihrem Kind die Möglichkeit, sich auszuprobieren, und nehmen Sie keinen Meilenstein vorweg, so dass es in Ruhe seinen persönlichen Weg finden kann.

Eine neue Dimension des Raumes

Immer schneller bewegt sich das Baby nun fort. Auf welche Weise das geschieht, hängt auch von der Bodenbeschaffenheit ab: Bei glattem Boden wird es rutschen und robben; liegt dagegen Teppichboden in der Wohnung, ist das Krabbeln oft effektiver.

Nachdem das Baby auf seine individuelle Art zum Krabbeln gekommen ist, dauert es nicht lange, dann bewegt es sich in alle Richtungen.

Auch wenn das Kind vorher geschickt rollen oder rutschen konnte – mit dem sicheren Krabbeln begreift es noch einmal deutlicher, was ein Raum ist, denn es kann sich genau in die gewünschte Richtung bringen. Gezielt bewegt sich das Kind zu dem bunten Stück Papier neben dem Abfallkorb. Dabei lernt es, Hindernisse zu umgehen, Entfernungen abzuschätzen und Raumverhältnisse gezielt für sich zu nutzen.

Brei oder Butterbrot?

Jetzt kommt auch der Baby-Brei nicht mehr so gut an: Spätestens gegen Ende des ersten Lebensjahres zeigt Ihr Kind Interesse an dem, was sich auf Ihrem Teller befindet. Vielleicht haben Sie Ihr Kind schon an einer Gurkenscheibe lecken lassen oder ihm einen Mandarinenschnitz zum Auslutschen gegeben, und es hat ihm gut geschmeckt. Jetzt beginnt tatsächlich das gemeinsame Essen am Familientisch, und es wird hoffentlich zu einem schönen Familienritual. Die Eltern zweigen etwas vom eigenen Essen ab und schneiden es klein: Was wird Eltern und Kind schmecken? Was macht das Kind satt und ist gesund?

Damit Essen von Anfang an Spaß macht

Kindern schmeckt das, was ihnen bekannt und vertraut ist. Wer also von Anfang an gesunde Kost anbietet, schafft gute Voraussetzungen, dass sie diese auch mögen. Und das bedeutet für später: weniger übergewichtige, seltener kranke Kinder, mehr Genuss-Esser. Wir möchten Ihnen hier ein paar Regeln fürs Essen ans Herz legen:

- Setzen Sie Essen nicht als Tröster ein. Es besteht die Gefahr, dass die Kinder sich später mit Schokolade trösten – das bringt nur Kummerspeck, löst aber nicht das Problem.

- Respektieren Sie Ihr Kind. Wenn es den Mund zukneift, den Kopf abwendet oder das Essen wieder ausspuckt, bedeutet das: Halt, ich habe genug! Wird das Kind über sein Sättigungsgefühl hinaus weiter gefüttert (vielleicht, indem Sie es ablenken oder überreden), verliert es dieses Gefühl schließlich ganz.

- Zeigen Sie Ihrem Kind, wie Sie das Essen vorbereiten, und beziehen Sie es mit ein. Beim Einkaufen auf dem Markt, beim Umrühren im Topf kann es zuschauen und später auch gut „mithelfen".

- Lassen Sie sich nicht von sogenannten Kinderprodukten verführen: In ihnen steckt oft mehr Zucker und Eiweiß als in selbstgemachter Nahrung bzw. in „neutralen" Produkten.

> Was ein fast einjähriges Kind schon alles essen kann: weiche Avocadostücke, Pfirsichstücke ohne Haut, Birnenstückchen, Gurkenscheiben, frische Salat- oder Chicoreeblätter (in Streifen geschnitten), angedünstete Brokkoliröschen, gedünstete kleine Möhren, gekochte Kartoffelstückchen, Kohlrabistückchen, ganze Vollkornnudeln. Hier ist Lust am Essen und Kreativität gefragt! Ausführliche Tipps und Ideen fürs Essen am Familientisch finden Sie im 13. Meilenstein.

Die FABELhafte Welt der Mutter

Vielleicht haben Sie in den ersten Monaten nicht immer gewusst, warum das Baby weinte. Je älter das Kind wird, desto besser spielt sich die Verständigung ein. Auch wenn Sprache noch keine große Rolle spielt: mit differenzierter Mimik, Gestik und Lautäußerungen zeigt das Kind an, was es will und was nicht. Es schüttelt den Kopf, streckt die Arme aus oder deutet auf Gegenstände. Auch durch seine Laute kann sich das Kind klar ausdrücken. Jetzt sind Eltern und Kinder Kommunikations-Experten geworden.

Wenn Experten erschöpft sind

Aber manchmal reicht unser Wissen nicht aus. Was tun, wenn Ihr Baby etwas haben möchte, es aber nicht haben darf? In solchen Situationen ist immer wieder Ruhe gefordert, um dem Kind klarzumachen, warum das Gewünschte nicht zu haben ist. Aber permanent Grenzen setzen, kostet viel Kraft. Junge Mütter haben zwar erstaunlich viel davon (bedenkt man, was sie trotz Schlafdefizit an Betreuungsarbeit leisten), und sie sind oft ausgeglichen und ruhig. Aber gegen Abend kommt die Erschöpfung. Für das Kind bleibt dann ein resigniertes „Na gut, dann erlaube ich es" oder ein harsches „Schluss jetzt!" Geschieht das zu oft, wird das Kind unsicher und verwirrt, und die Mutter ist unglücklich und innerlich zerrissen. Was tun? Definieren Sie vorher wenige, aber konsequent durchgesetzte „Nein"-Situationen. Wenn das Kind sich in diese Situation begibt, sagen Sie „Nein" und begründen Ihre Entscheidung, z. B.: „Nein, das Buch ist zum Lesen da, nicht zum Zerreißen". Auch wenn Ihr Kind das nicht genau versteht, sind ihm Ernst und Sinn klar. Es wird womöglich wütend werden, das darf es auch, denn es kann jetzt nicht anders. Sie schon: Atmen Sie tief durch und greifen Sie immer und verlässlich ein, wenn eine Grenze überschritten wird. Hat Ihr Kind etwas Verbotenes getan, bestrafen Sie es nicht. Weder „Auf-die-Finger-Schlagen" noch Liebesentzug sind sinnvolle Maßnahmen, um ein Kind in Zukunft von Unerlaubtem fernzuhalten. In vielen Situationen können Sie Ihrem Kind auch Alternativen anbieten, z. B. das Fühlbuch statt der Elternzeitschrift.

Die FABELhafte Welt des Vaters

Gemeinsam mit Ihrer Partnerin entwickeln Sie die Erziehungsstrategien: Was ist Ihnen wichtig? Wie schützen Sie die Grenzen Ihres Kindes und Ihre eigenen? So wie die Kinder sich weiterentwickeln, müssen auch Sie sich immer wieder neu orientieren.

Wenn andere alles besser wissen

Immer wieder ärgerlich ist Einmischung von außen. Wenn es um kleine Kinder geht, wissen Nachbarn, Verwandte und auch die Dame an der Kasse genau, was Sie alles falsch machen. Sie erfahren, warum es schreit. Sie werden ermahnt, es ein bisschen länger heulen lassen, sonst entwickelt es sich zum Tyrannen … Besonders Väter sind häufig dieser unerwünschten Einmischung ausgesetzt, denn es gibt noch wenig Rollenvorbilder für alltagserziehende Papas. Wenn man selbst unsicher ist und am liebsten zusammen mit dem Kind heulen möchte, wächst der Druck. Um das zu verhindern, gibt es mehrere Strategien.

⮕ Ignorieren und in Gedanken das Mittagessen vorbereiten.

⮕ Darauf hinweisen, dass man nicht um einen Ratschlag gebeten hat.

⮕ Haben Sie mit Ihrem Kind das Problem behoben, können Sie dem Ratgeber im Gespräch klarmachen, dass solche Hinweise den Druck auf die Eltern nur noch erhöhen.

Sie sind der Vater dieses Kindes, und Sie wissen am besten, was gut für Sie beide ist. Lassen Sie sich nicht beirren in Ihrem Handeln.

Reime, Lieder, Spiele: Toben und Schmusen

Ihr Kind möchte selbstständiger werden, und Sie als Eltern unterstützen es darin. Sie motivieren es mit Anfeuerungen, verlockenden Spielzeugen und jeder Menge Lob. Ihr Kind ist stolz auf seine Krabbelfortschritte und zeigt das auch. Es traut sich viel zu und bewegt sich mit voller Kraft voraus. Bis es plötzlich Angst vor seiner eigenen Courage bekommt. Was, so weit weg von Mama oder Papa? Und dann wird es wieder ein hilfloses kleines Baby, das die Arme hochstreckt, weil es getragen werden will. Wie wir uns manchmal stark, manchmal schwächer fühlen, so haben auch unsere Kinder unterschiedliche Phasen, in denen Mut oder Ängstlichkeit überwiegen. Das gehört zur Entwicklung Ihres Kindes dazu. Ein sicher gebundenes Kind bewegt sich zwischen den beiden Polen „Entdeckerlust" und „Sicherheit tanken bei den Eltern".

Fang mich doch!

Fangen gehört bestimmt zu den zehn besten Spielen der Welt! Schon die Kleinsten haben großen Spaß daran. Wenn Sie sich zu Ihrem Kind auf den Boden setzten, und es krabbelt los, machen Sie Anstalten, hinterherzukrabbeln. Ihr Kind dreht sich vielleicht um und blickt Sie auffordernd an. Kommst du nach? Sie krabbeln los. Die Spannung steigt, das Jauchzen ist groß: Wird sie mich fangen? In diesem Spiel ist alles drin, was zum Spaß dazugehört: jede Menge Bewegung, Spannungsaufbau bis hin zum erlösenden Ende, bei dem Papa oder Mama das Kind fangen und in den Arm nehmen.

Was riecht denn da?

Zum sinnlichen Wahrnehmen der Welt gehört auch der Geruchssinn. Schneiden Sie eine Zwiebel klein, nehmen Sie einen Zitronenschnitz, einen Petersilienstängel, frischen Rosmarin und vielleicht ein Lavendelsäckchen. Das Kind auf den Schoß setzen und die Gerüche nacheinander gemeinsam erschnuppern. Wo wendet es den Kopf ab, was mag es besonders gern? Die Kinder entwickeln erstaunlich schnell ihre Vorlieben.

Nach all dem Toben ist Schmusen angesagt

Wichtig bleibt für Ihr Kind, dass es sich zwischendurch ausruhen kann. Was gibt es da Schöneres, als wenn Mama oder Papa sich einfach auch auf den Boden legt und es sich mit Kissen gemütlich macht? Ihr Kind krab-

Süß, sauer, bitter?

belt durch die (kindersichere) Wohnung, greift hier, schaut da und kommt dann wieder in das Zimmer zurück, in dem Sie liegen. Oft passiert es dann, dass Ihr Baby sich einfach dazulegt und mit Ihnen kuschelt. Und das ist ebenso wichtig wie all die Tollerei.

Der zwölfte Meilenstein:
Wie ein Schiff auf hoher See

Die FABELhafte Welt des Babys

In den letzten Wochen und Tagen haben Sie festgestellt, dass Ihr Baby immer sicherer unterwegs ist. Aber nicht nur die Horizontale hat es entdeckt; Blick und Bewegungen richten sich jetzt auch nach oben. Es hat die

Nun geht es langsam seitwärts

Voraussetzung erreicht, in der es sich hochziehen will: Das Aufrichten wird erprobt.

Jetzt aber hoch hinauf

Durch Rollen und Krabbeln ist die Muskulatur des Babys kräftiger, seine Bewegungskoordination sicherer geworden. Deshalb kann es sich jetzt überall nach oben ziehen und erst das eine, dann das andere Knie durchdrücken. Vergnügt und breitbeinig steht es da. Bald braucht es nur noch eine Hand, um sich festzuhalten. Mit der anderen Hand untersucht es, was auf der Kommode oder dem Tisch liegt und vorher nicht in Reichweite war.

Schifffahrt ahoi!

Die Kinder fühlen großen Stolz darüber, wenn sie sich aufgerichtet haben, und spüren das pure Vergnügen am eigenen Körper: Jetzt muss man wippen und schaukeln und das Gewicht von einem Bein aufs andere verlagern! Das geschieht mit großer Ausdauer. Wenn die Kinder sich an einem Möbelstück oder an der Wand seitlich fortbewegen, heißt das auch „Küstenschifffahrt", denn sie hangeln sich an der Wand entlang wie ein Seemann an der Reling. „Schaut her, ich gehe wie ihr, ich bin schon so groß!", strahlt das Kind.

Wie aber funktioniert das Hinsetzen? Je nach Temperament wird das Kind wütend und fängt an zu schreien, bis jemand ihm zu Hilfe kommt; oder es lässt sich auf seinen Windelpopo plumpsen. In die Knie zu gehen, ist nicht so einfach. Zeigen Sie es Ihrem Baby, indem Sie sanft sein Knie beugen, wenn es wieder nach unten will: Ah, so geht es abwärts.

Laufen wie ein Bär

Viele Kinder „laufen" erst mal auf allen Vieren, im sogenannten Bärengang: Vom Vierfüßlerstand aus strecken sie die Beine durch und den Po nach oben. Das ist lustig anzusehen, verdient aber unseren ganzen Respekt: Die Beinmuskeln und die Muskeln des Oberkörpers werden intensiv trainiert und die Koordination von Armen und Beinen weiter gefördert. Probieren Sie einmal aus, wie sich der Bärengang anfühlt und ob Sie

Ich gebe, ich nehme

Winken und Klatschen sind jetzt beliebt und werden aus Freude am eigenen Handeln ausdauernd wiederholt. Gleichzeitig stellen die Kinder fest, welch positive Reaktionen das hervorruft: Ich klatsche und winke – Oma winkt zurück und freut sich mit mir. Das setzt die Kontrolle über Bewegungsabläufe voraus und das Wissen um die Fähigkeit, mit anderen Menschen spielerisch in Kontakt zu treten. Jetzt werden auch Geben-Nehmen-Spie-

Hinein und hinaus: Schüsseln, Töpfe und Dosen sind tolle Spielzeuge

sich damit so schnell und sicher bewegen können wie Ihr Kind. Ganz schön anstrengend, nicht wahr?

le immer wichtiger: Da sitzen sich zwei gegenüber, der eine hat einen Ball in der Hand und gibt ihn ab. Der andere nimmt ihn auf und gibt ihn wieder zurück. Dieses intuitive

Zusammenspiel kennen Mutter und Kind gut: Die Natur hat es so eingerichtet, dass beide von Anfang an ein Team sind.

Die FABELhafte Welt der Mutter

Das Kind ist mittlerweile ein richtiger kleiner Racker geworden. Da denken Mütter oft an die Zeit von Schwangerschaft und Geburt zurück. Wie war das damals? Das Baby lag sicher im Bauch, behütet und beschützt vom mütterlichen Körper. Die Themen, um die es hauptsächlich ging, waren gesundes Essen der Mutter, regelmäßige Untersuchungen bei der Hebamme und die Erstausstattung für das Baby. Während der Schwangerschaft war die Geburt das wichtigste Ereignis, das es zu meistern galt. Alles andere würde sich danach schon finden.

Wo ist mein kleines Baby?

Wehmütig erinnern sich Mütter von Zeit zu Zeit an die gute Zusammenarbeit mit ihrem Kind während der Geburt, den ganz besonderen Neugeborenengeruch oder die winzigen Kleider, die jetzt hinten im Schrank liegen. So vieles ist mittlerweile passiert! Das Kind ist selbstständig und groß geworden. Auch Sie haben vieles dazugewonnen: Sie besitzen jetzt eine Schatzkiste voller Erfahrungen und Stärken, aus der Sie schöpfen können. Sei es im Beruf (junge Mütter sind großartige Logistiker), im eigenen Wachsen (was brauche ich für mich?) oder in der Partnerschaft (was geben wir in die Beziehung, was nehmen wir uns daraus?). Mütter entwickeln sich rasant im ersten Lebensjahr ihrer Kinder.

Such mich! Wo bin ich?

Die FABELhafte Welt des Vaters

Das gilt ebenso für Väter. Mit der Geburt des Kindes hat sich auch ihr Leben verändert. Sie meistern neue Herausforderungen und finden einen Raum für sich im Familiengefüge. Dabei gibt es kaum Vorbilder, an denen sie sich orientieren könnten. Viele Männer betrachten den eigenen Vater mit anderen Augen, wenn sie selbst Kinder haben. Wie hat mein Papa das Vatersein gelebt? Wie war das Verhältnis zu seiner Frau, zu uns Kindern? Was davon nehme ich für mich mit, was möchte ich anders machen?

Wenn die Kinder neue motorische Fähigkeiten entwickeln, stellen sich manche Väter die Frage, welche Rolle sie beim Spielen einnehmen: „Soll ich dem Kind erst einmal alles vorspielen? Soll ich ihm einfach nur zuschauen? Oder ist das nicht nötig, und ich kann in Ruhe Zeitung lesen?" Sinnvoll ist es, wenn die Babys bestimmen dürfen und Papa als wohlwollendes Publikum danebensitzt. Dass er ermutigt, wenn es nicht weitergeht, z. B. die Legosteine nicht aufeinander liegen bleiben oder Holzringe sich nicht stapeln lassen. „Ja, ich sehe es, das bleibt noch nicht stehen. Probier's noch mal, du schaffst das!" Erst wenn der zweite und der dritte Versuch misslingt und auch Zuspruch nicht mehr hilft, kann er eingreifen. Vielleicht bauen Sie dann einen bunten Turm und Lego-Autos, in denen kleine Puppen sitzen. Und das Kind schaut konzentriert zu.

Krankes Kind, was nun?

Die eigene Immunabwehr des Kindes baut sich gerade erst auf. Laufende Nase, Fieber und/oder Husten sind (fast) an der Tagesordnung.

Erinnern Sie sich noch daran, wie der Umgang mit Krankheiten im eigenen Elternhaus war? Hat Vater getröstet und Fieber gemessen, oder war das alleine Sache der Mutter?

Für Ihr Kind ist die Erfahrung wichtig, dass es auch im Krankheitsfall von beiden Eltern liebevoll betreut wird, dass beide Eltern bei Magen-Darm-Erkrankungen das Kind trösten, säubern und anschließend das Bett abziehen. Für Sie als Vater ist die Erfahrung wichtig, wie schnell das kranke Kind auf Ihrem Bauch und in Ihren Armen einschläft. Ihr Trost und Ihre Pflege tragen dazu bei, dass es bald wieder gesund wird.

Reime, Lieder, Spiele: Vielfalt ist gefragt

Um das erste Lebensjahr herum haben die Kinder vielfältige Interessen: Sie wollen sich bewegen, krabbeln, erste Schritte machen. Gleichzeitig sind sie auch neugierig auf alles, was sich untersuchen oder anschauen lässt. Bilderbücher werden „gelesen", altes Packpapier kann mit Wachsmalstiften bemalt werden. Durch Papprollen lassen sich kleine Bälle stecken. Und schließlich machen die Kinder lautmalerisch alles mögliche nach, angefangen von unseren Telefonaten mit Freunden oder Kollegen bis hin zum Nachtlied, das immer wieder nachgesungen wird.

Versteck dich, ich finde dich doch!

Ähnlich beliebt wie das Fangen ist das Verstecken, das auch Krabbelkinder schon beherrschen: Hinter dem Bett oder dem Vorhang, unter dem Tisch oder neben dem Sofa gibt es tolle Verstecke. Sie dürfen Ihr Kind nur nicht zu schnell finden! Rufen Sie laut: „Ja wo ist er denn? Ich finde den Moritz gar nicht mehr!", und krabbeln Sie im Zimmer umher. Die Freude ist groß, wenn Sie schließlich den Ort erreicht haben, an dem Ihr Baby sich „versteckt" hat. Und dann sind Sie dran und suchen sich eine Ecke, in der Ihr Kind Sie gut finden kann.

Mit vier Rollen um die Welt

Vielleicht nicht gleich um die Welt: Aber durch den Flur, ins Wohnzimmer und von dort aus durch den Rest der Wohnung kann das Kind rollen. Holen Sie sich eine einfache Holzkiste vom Baumarkt, befestigen Sie vier stabile Rollen am Boden. Dann bohren Sie ein Loch durch die Frontseite für eine stabile Schnur – und fertig ist das Automobil fürs Kind. Das ist ein Spaß, wenn Sie den Nachwuchs-Rennfahrer in die Kiste setzen und ihn oder sie durch die Wohnung ziehen! Anschließend kann das Kind seine Puppen, Spielsachen und andere Schätze in der Kiste verstauen und durch die Wohnung schieben.

Applaus für das Küchenorchester!

Die Sprache der Musik ist universell. Alle Menschen dieser Erde verstehen, wenn Musik traurig, fröhlich oder aufgeregt klingen soll. Damit auch Ihr Kind Freude an dieser Sprache hat, bringen Sie ihm Musik von Anfang an nahe. Dabei spielt es keine Rolle, ob Sie zum neuesten Hit durch die Wohnung tanzen oder mit Topfdeckeln Geräusche produzieren. Was bietet Ihre Küche an „Instrumenten" an? Ein Schneebesen in der Aluschüssel macht andere Geräusche als ein Kochlöffel auf dem umgedrehten Topf. Das Küchenorchester hat seinen ersten Auftritt, und der Applaus wird Ihnen sicher sein.

Der dreizehnte Meilenstein: *Wurzeln und Flügel*

Die FABELhafte Welt des Babys

Wenn Ihr Baby den 13. Meilenstein erreicht hat, steht der erste Geburtstag vielleicht schon bevor. Einige Durchstarter sind schon vor dem großen Fest hier angekommen, andere nehmen sich noch etwas Zeit.

Viel hat sich in den vergangenen Monaten ereignet: Ihr Baby hat sich bei Ihnen zu Hause eingerichtet, Sie haben sich kennen gelernt und aufeinander eingespielt. Immer mehr beschäftigt sich Ihr Kind mit seiner Umwelt. Erst im Kleinen, indem es interessante Gegenstände betrachtet und bespielt hat, dann im Großen, indem es Möglichkeiten zur Fortbewegung entwickelt und so weite Entdeckungstouren gemacht hat. Mittlerweile steht es schon alleine und bewegt sich an Möbeln und Wänden entlang durchs Zimmer. Der große Augenblick der ersten eigenständigen Schritte ist fast erreicht!

Ich stehe!

Mittlerweile steht Ihr Kind gerne und nimmt fast jede Gelegenheit wahr, die sich dafür anbietet. Dabei wird das Stehen immer sicherer, bis das Kind eines Tages zufällig oder auch ganz bewusst beide Hände vom sicheren Halt entfernt – und frei steht! Manchmal sind die

Oh, du kannst ja schon stehen!

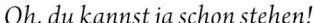

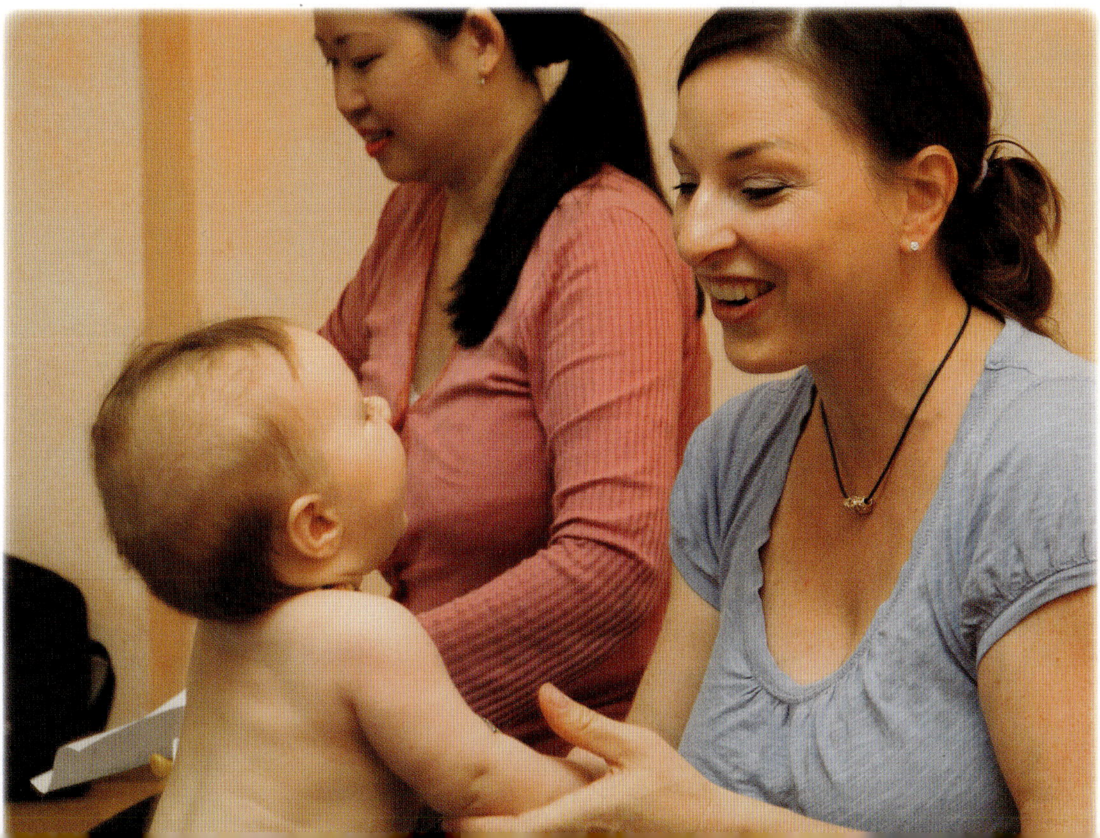

Kinder davon so überrascht, dass sie gleich wieder auf den Hosenboden fallen, um sich sofort wieder hinzustellen.

Hänschen klein, ging allein

Die selbstständigen Schritte sind ein großes Ereignis für Kinder und Eltern. Wie im alten Kinderlied verbindet sich bei den Eltern vielleicht mit dem Stolz auch ein wenig Wehmut: Nun ist das Kind kein Baby mehr! Ihr Kind ist in diesem Augenblick voller Freude: Noch etwas wackelig macht es sich auf den Weg. Das ist anfangs ganz schön schwierig, denn es muss nicht nur Füße und Beine koordinieren, sondern auch die Balance halten. Die meisten Kinder heben Schultern und Hände hoch, damit sie nicht das Gleichgewicht verlieren. Das Abrollen der Füße funktioniert noch nicht wie bei uns Erwachsenen, und die ersten Gehversuche sind oft unbeholfen und steif. Bieten Sie Ihrem Kind einen Kochlöffel oder etwas ähnliches an, das es in der Hand halten kann. Viele Kinder fühlen sich dann sicherer beim Laufen – so wie der Seiltänzer mit seiner Balancierstange. Wenn Sie Ihr Kind an der Hand halten, begeben Sie sich auf seine Höhe und achten Sie darauf, dass es nicht hochgezogen wird. Wie auch beim selbstständigen Sitzen gilt beim Laufenlernen: Die wesentlichen Impulse müssen von Ihrem Kind kommen, damit es die Bewegungsabläufe richtig ausbilden kann.

Kein Wunder, dass Kinder nach diesem riesigen Entwicklungsschritt noch einmal ganz stark die Nähe ihrer Bezugspersonen suchen. Viele Kinder fremdeln nun noch einmal und mögen es gar nicht, wenn die Eltern allzu weit entfernt sind. Denn wer gerade Flügel bekommt, braucht auch Wurzeln, zu denen er immer zurückkehren kann.

Lauflernhilfen & Co?

Machen Sie lieber einen Bogen um Geräte, in die das Kind hineingesetzt oder -gestellt wird: Sie können zu Haltungsschäden führen und schränken die natürliche Bewegungsentwicklung ein. Puppenwagen und Roller sind dennoch tolle Spielzeuge für diese Zeit und werden, wie auch Stühle und kleine Tische, gerne durch die Gegend geschoben.

Straßenschuhe braucht Ihr Kind erst dann, wenn es wirklich gemeinsam mit Ihnen auf der Straße geht. Bis dahin sollte es in der Wohnung möglichst barfuß laufen können. Im Sommer bieten sich draußen einfache Lederschläppchen an.

„Mama, Papa, Auto!"

Um den ersten Geburtstag herum sind bei den meisten Kindern die ersten Worte deutlich aus dem allgemeinen Brabbeln heraus zu erkennen. Und was sagt das Kind zuerst? Natürlich jene Wörter, die es täglich oft hört und die eine große Bedeutung haben. „Mama", „Papa", aber auch „Auto" und „Ball" stehen daher bei vielen Kindern ganz weit oben in der Rangliste.

Die FABELhafte Welt der Mutter

Sie haben Ihr Kind bis zum eigenständigen Gehen behutsam begleitet. Erinnern Sie sich noch an die zarten Füßchen des Neugeborenen? Sie sind gewachsen und gehen in die Welt hinaus – und Sie als Mutter sind ebenso gewachsen. Von seiner Geburt an bis heute

Auch Eltern sein will erst gelernt werden

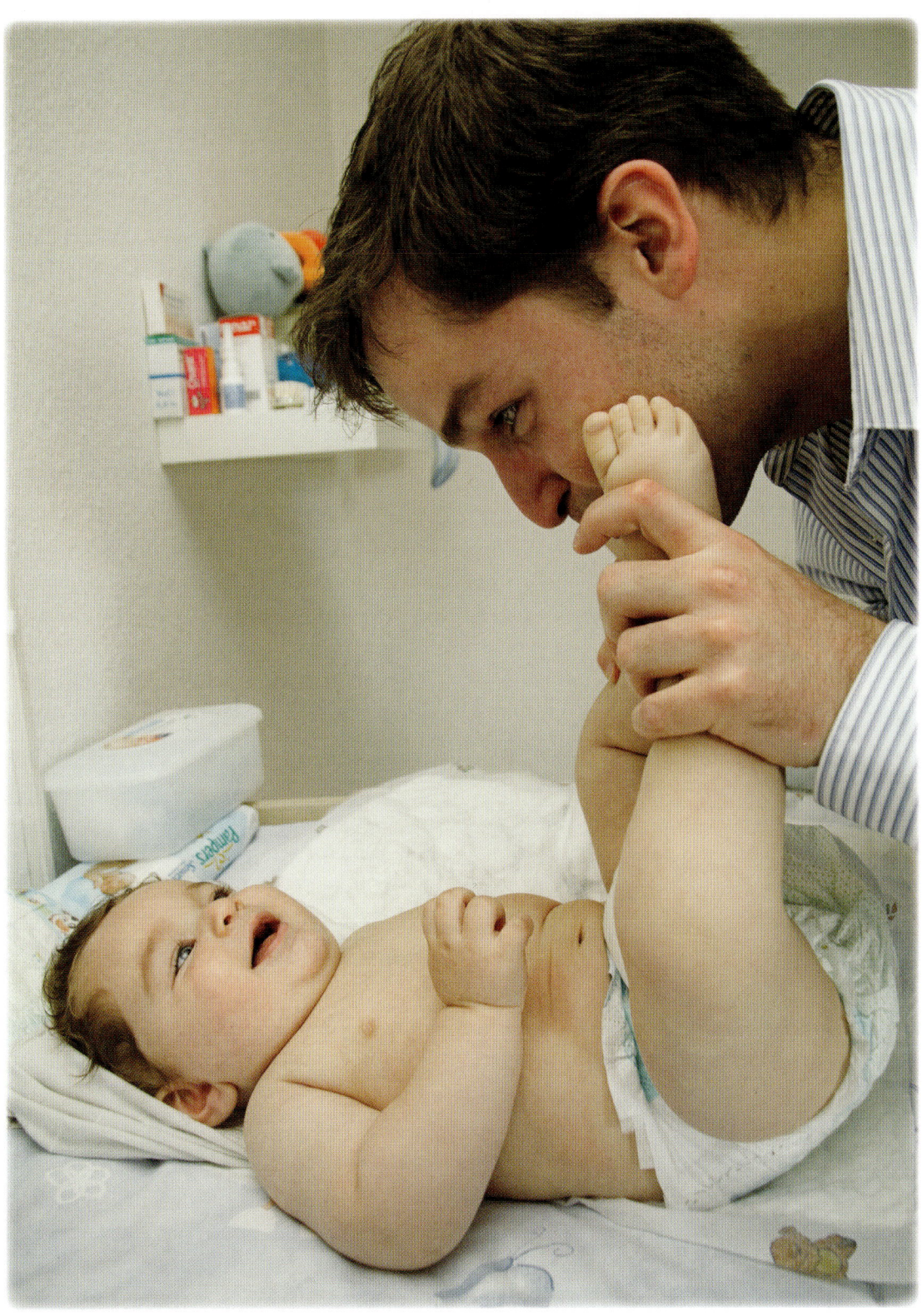

haben Sie sich als „Mutter" neu aufgestellt, Ihr Partner als „Vater". Nicht nur das Kind lernte laufen, auch Sie beide haben gelernt, Ihre ersten Schritte als Eltern zu gehen – erst stockend und unbeholfen, dann immer sicherer.

Zweiter Bildungsweg: Elternsein

Viele junge Eltern haben – anders als noch vor ein, zwei Generationen – wenig Möglichkeiten, sich diese neuen Fähigkeiten bei ihrer Familie abzuschauen. Und ohne eigene Erfahrungen oder das konkrete Vorbild helfen auch einschlägige Ausbildungen oder ein Elternführerschein nicht immer, um ein Kind in die Welt zu begleiten.

In den vergangenen Monaten haben Sie erfahren, dass man nicht ständig die ideale Mutter und der perfekte Vater sein muss, damit sich ein fröhliches, bewegtes und intelligentes Kind entwickelt. Es reicht aus, „normal" zu sein: mal gut, mal weniger gut gelaunt, mal anregend und manchmal auch einfach Laisser-faire. Für unsere Kinder ist es ein Segen, wenn sie mitbekommen, dass man nicht immer perfekt sein muss. Kinder lernen von uns zu arbeiten und zu streiten, mal faul, mal fleißig zu sein, sich um sich selbst und um andere zu kümmern, mit den Unwägbarkeiten des Lebens klarzukommen, kurz: Sie lernen zu leben. Die Kinder dagegen bringen uns Müttern bei, die Welt mit unvoreingenommenem Blick zu betrachten: Wenn alles neu ist, gibt es nämlich keine Beurteilungen und Vor-Urteile. Das Kind lehrt uns neue Sinnhaftigkeiten: Ein Topf kann ein Hut oder ein Nest sein, eine Schatzkiste oder eine Sitzgelegenheit. Und manchmal ist ein Topf eben auch ein Topf. Lassen Sie sich auf den Blick Ihres Kindes ein: ein Gewinn für Mutter und Kind.

Bindung und Loslassen

Sie haben Ihrem Kind Raum und Gelegenheit gegeben, sich aktiv mit seiner Welt zu beschäftigen, sie zu erforschen und kennen zu lernen. Sie haben ihm jene Bindung ermöglicht, die es zum Entwickeln seiner Kompetenz braucht. Bereits gegen Ende des ersten Lebensjahres hat es dadurch enorme Fähigkeiten zur Kommunikation entwickeln können. Damit haben Sie die besten Voraussetzungen dafür geschaffen, dass Ihr Kind voller Selbstvertrauen in der Kinderkrippe oder anderen Orten außerhalb der Familie gut mit andern Kindern umgehen kann. Das bedeutet eine gute Vorbereitung aufs Loslassen!

Eingewöhnung in die Kita

Vielleicht überlegen Sie, Ihr Kind für Stunden einer Krippenerzieherin oder einer Tagesmutter anzuvertrauen. Freuen Sie sich darauf, mal wieder alleine bummeln zu gehen oder einfach nur „störungsfrei" das Bad zu putzen? Oder fühlen Sie: Halt, ich will mein Kind noch nicht weggeben. Beide Gefühle gehören zusammen, denn in den letzten Monaten haben Sie Ihr Leben an den Bedürfnissen Ihres Kindes ausgerichtet. Und jetzt stoßen Sie eine neue Tür auf, hinter der neue, unterschiedliche Wege für Sie und Ihr Kind liegen. In guten Krippen und Kindertagesstätten begleiten Sie Pädagoginnen ausreichend lang und professionell in der Zeit der Eingewöhnung und sorgen so dafür, dass Ihr Kind sich dort wohlfühlt. Informieren Sie sich, ob die Einrichtung wirklich Ihren Vorstellungen und den

Und zu Hause wird dann ausgiebig geschmust

heute geltenden Qualitätsmaßstäben ent-spricht (vgl. Maywald 2010).

Während Ihre Tochter oder Ihr Sohn mit an-deren Kindern und den Erzieherinnen im Garten spielt oder Kartoffeln mit Spiegelei isst, gehen Sie vielleicht zurück in Ihren Be-ruf, beginnen eine (neue) Ausbildung oder haben Zeit für sich, die sie ebenso sinnvoll nutzen können. Mutter und Kind gehen dann stundenweise getrennte Wege. Das ist Lau-fenlernen einmal anders.

Die FABELhafte Welt des Vaters

Das erste Lebensjahr des Kindes ist wie im Flu-ge vergangen, so erscheint es vielen Vätern. Eben noch lag es zum ersten Mal in Ihrem Arm, noch ganz klein und zart. Wie viele Fragen sind Ihnen damals durch den Kopf gegangen? Was haben Sie sich gewünscht? Wovor hatten Sie Angst? Viele Meilensteine haben Sie und Ihr Kind mittlerweile erreicht: Es ist im Leben gut angekommen. Die meisten Väter nehmen die Wandlung vom abhängigen Baby zum selbst-ständigen Kleinkind schneller wahr als die Mütter. Auf einmal macht das Kind die ersten Schritte und sagt „Papa". Auch das gemeinsame Spiel hat sich verändert: Haben Sie früher Ihr Baby beobachtet und es sanft ins Leben beglei-tet, beobachtet Ihr Kind heute Sie und beginnt, im Rollenspiel nachzuahmen, was es sieht und erlebt.

Obwohl viele Väter ihr großes Kind genie-ßen, kommen Momente, in denen sie sich nach dem kleinen Säugling zurücksehnen, der abends in ihrem Arm eingeschlafen ist. Um den Beginn des Laufenlernens herum fangen sie deshalb an, darüber nachzuden-ken, ob sie noch ein Baby wollen. Und ist jetzt der richtige Zeitpunkt dafür? Natürlich gibt es darauf keine eindeutige Antwort. Viele Familien entscheiden sich dafür, dass ihre Kinder einen möglichst kleinen Altersabstand haben sollen. Gute Gründe gibt es für jeden Abstand: Ältere Geschwister können wunderbare Wegbegleiter sein für die jüngeren. Geschwister, die altersmäßig nah beieinander liegen, gehen ihren Weg gemeinsam und erobern zusammen die Welt.

Wenn Sie den Wunsch verspüren, Ihre Familie zu vergrößern, lassen Sie diese erste gemeinsame Zeit – vom Neugeborenen zum selbstständig laufenden Kind – noch einmal Revue passieren: Wie haben Sie sich als Vater erlebt, was hat Ihnen Freude bereitet, was hat Sie bedrückt? Vergleichen Sie Ihre Rolle am Anfang der Familienzeit mit Ihrer Rolle heute, und betrachten Sie auch Ihre Partnerschaft: Was hat sich verändert, was haben Sie beibehalten? Ein „Rezept zur Familienplanung" gibt es nicht, denn Sie selber können Ihre Zutaten ganz individuell bestimmen – und auch die Zeit, die es braucht, bis der Entschluss ausgereift ist.

Reime, Lieder, Spiele: Der Alltag gibt die Spiele vor

Kinder wollen so sprechen, in der Küche hantieren und Treppen benutzen wie die Großen. Deshalb sind alle Gegenstände attraktiv, die Sie häufig benutzen: Schlüsselbund, Mobiltelefon oder MP3-Player sind oft interessanter als das „Kinderspielzeug".

Ich will so sein wie du!

Das Rollenspiel unterstützt diese Bemühungen. Spielen Sie „Füttern" doch einmal umgekehrt: Legen Sie Gabel und Teller bereit und lassen sich von Ihrem Kind zu essen geben: vielleicht ein paar Trauben oder ein Stückchen Brot. Sie werden beobachten, wie es Ihre Fürsorglichkeit nachahmt und was es alles anstellt, um Sie zum Essen zu bewegen! Hm, das schmeckt!

„Guten Tag, liebes Krokodil!"

Auch mit Püppchen oder Fingerpuppen können Sie die Kinder auf ihren Fantasiereisen begleiten. Es gibt schön gestaltete und stabile Figuren, die sich überallhin mitnehmen lassen. Wenn Sie vier oder fünf Fingerpuppen in Tierform haben, spielen Sie eine Unterhaltung am Fluss oder im Wald. Unser kleines Lied lässt sich wunderbar von Elefant, Maus, Käfer oder Krokodil begleiten. ➔ 🔘 Nr. 13

Hoppe hoppe Reiter, einmal anders

Jetzt ist ein wildes Spiel angesagt: Gehen Sie im Knie-Hand-Stütz auf den Boden, und lassen Sie Ihr Kind auf Ihren Rücken krabbeln. Anschließend „reiten" Sie durch die Wohnung und machen einen tapsenden Bären oder eine sanfte Katze nach … Ihr Kind hält sich gut an Ihnen fest und quietscht vor Freude! Damit Ihre Knie und Ihr Rücken nicht zu sehr beansprucht werden, können Sie den Reiter irgendwann sanft aufs Sofa plumpsen lassen und ihn anschließend auf Ihre Schultern nehmen. Auch in dieser Haltung laufen Sie wie ein stapfender Elefant oder ein großer brummender Bär durch die Wohnung. Von so weit oben sieht die Welt ganz anders aus. Das Kind lernt die Perspektive des Raumes in dieser Haltung neu kennen. Aber dann sind Pferd und Reiter erschöpft. Machen Sie es sich einfach im „Stall" gemütlich und kuscheln eine Runde.

Statt eines Nachwortes

Das erste Lebensjahr, der Weg vom ersten Atemzug zum ersten Schritt eines Kindes ist spannend und lehrreich – für Ihr Kind, das seine Welt kennen lernt, und für Sie, seine Eltern, die in das Leben als Familie hineinwachsen. Jeder Schritt auf diesem Weg ist vorher noch nie gegangen worden. Von Meilenstein zu Meilenstein haben Sie Ihr Kind auf diesem Weg begleitet. Es werden noch viele aufregende und schöne Jahre mit Ihren Kindern folgen. Aber das erste Lebensjahr ist etwas ganz besonderes. Feiern Sie deshalb den ersten Geburtstag nicht nur für Ihr Kind (es wird im Zweifelsfall das Geschenkpapier spannender finden als die Geschenke), sondern genießen Sie den ersten Jahrestag als Elternpaar. Wir prosten Ihnen dabei zu.

Unser großes Dankeschön geht an alle Eltern und Kinder unserer FABEL-Kurse, die uns an ihrem Leben teilhaben ließen und uns darin bestätigten, wie kompetent Eltern und Kinder von Anfang an sind.

Doris dankt außerdem ihren Eltern, die den Grundstein für eine wertschätzende Haltung gelegt haben, und ihrem Mann Peter, ohne den es ihre tolle Familie nicht gäbe.

Feiern Sie sich, die Geburt und Ihr Kind zum ersten Jahrestag. Wir wünschen alles Gute!

Susanne dankt ihrer Familie – im Großen wie im Kleinen und ganz besonders ihrem Mann Caspar Clemens und ihrer fabelhaften Tochter Josephine Luzia.

Anhang

Literaturempfehlungen

Ahnert, Lieselotte (2010): Wie viel Mutter braucht ein Kind? Bindung – Bildung – Betreuung: öffentlich und privat. Heidelberg: Spektrum

Angier, Nathalie (2000): Frau. Eine intime Geographie des weiblichen Körpers. München: Bertelsmann

Baisch, Volker/Neumann, Bernd (2008): Das Väter-Buch. München: Knaur

Bloemeke, Viresha Julia (2002): Alles rund ums Wochenbett . München: Kösel

Brisch, Karl Heinz (2010): Safe. Sichere Ausbildung für Eltern. Stuttgart: Klett-Cotta

Eliot, Lise (2003): Was geht da drinnen vor? Die Gehirnentwicklung in den ersten fünf Lebensjahren. Berlin: Berlin Verlag

González, Carlos (2008): Mein Kind will nicht essen. Minden: La Leche Liga e. V.

Hüther, Gerald/Krehns, Inge (2010): Das Geheimnis der ersten neun Monate. Weinheim: Beltz

Juul, Jesper (2009): Dein kompetentes Kind. Auf dem Weg zu einer neuen Wertgrundlage für die ganze Familie. Reinbek bei Hamburg: Rowohlt Taschenbuch Verlag

Kirkilionis, Evelin (2007): Ein Baby will getragen sein: Alles über geeignete Tragehilfen und die Vorteile des Tragens. München: Kösel

Klaus, Marshall. H./Klaus, Phyllis H. (2003): Das Wunder der ersten Lebenswochen. München: Goldmann

Klein, Margarita/Weber, Maria (2010): Das macht Sie fit nach der Geburt. Ganzheitliche Rückbildung: für ein gutes Körpergefühl und innere Ausgeglichenheit. Weinheim: Beltz

Klein, Margarita (2011): Schmetterling und Katzenpfoten. Sanfte Massagen für Babys und Kinder. Münster: Ökotopia Verlag (5. Aufl.)

Largo, Remo (2010): Entwicklung und Erziehung in den ersten vier Jahren. München: Piper

Maywald, Jörg (2010): Die beste Frühbetreuung. Krippe, Tagesmutter, Kinderfrau. Weinheim: Beltz

Pikler, Emmi (2001): Laßt mir Zeit. Die selbständige Bewegungsentwicklung des Kindes bis zum freien Gehen. München: Pflaum

Renz-Polster, Herbert (2010): Kinder verstehen. Born to be wild: Wie die Evolution unsere Kinder prägt. München: Kösel

Ruhl, Ralf (2000): Kinder machen Männer stark. Vater werden, Vater sein. Reinbek bei Hamburg: Rowohlt Taschenbuch

Stern. Daniel (2004): Tagebuch eines Babys. Was ein Kind sieht, spürt, fühlt und denkt. München: Piper

Vogel, Thea (2004): Die ganzheitliche Rückbildungsgymnastik. Sich neu finden nach der Geburt. Düsseldorf: Patmos

Weigert, Vivian (2010): Stillen. Das Begleitbuch für eine glückliche Stillzeit. München: Kösel

Adressen und Kontakte

Arbeitsgemeinschaft Freier Stillgruppen e. V.
AFS-Geschäftsstelle
Bornheimer Straße 100
53119 Bonn
(0228) 3503871
www.afs-stillen.de

Bund Deutscher Hebammen e.V.
Gartenstraße 6
76133 Karlruhe
www.bdh.de

Bundeszentrale für gesundheitliche Aufklärung
www.bzga.de

Gesellschaft für Geburtsvorbereitung, Familienbildung und Frauengesundheit (GfG)
Bundesverband e. V.
Ebersstraße 68
10827 Berlin
(030) 45026920
www.gfg-bv.de

Initiative lesbischer und schwuler
Eltern ILSE
Postfach 10 34 14
50474 Köln
www.ilse.lsvd.de

La Leche Liga Deutschland e. V.
Gesellenweg 13
32427 Minden
(0571) 48946
www.lalecheliga.de

Schatten & Licht e. V.
Obere Weinbergstr. 3
D-86465 Welden
(08293) 965864
www.schatten-und-licht.de

Die Trageschule
Krügerstr. 7
01326 Dresden
(0351) 3141 71 83
www.trageschule-dresden.de

VÄTER e. V.
Am Felde 2
22765 Hamburg
(040) 39908539
www.vaeter.de

Verband alleinerziehender Mütter und Väter Bundesverband e. V. (VAMV)
Hasenheide 70
10967 Berlin
(030) 6959786
www.vamv.de

Die Autorinnen

 **Susanne Mierau,** geboren 1980 in Berlin, ist Diplom-Pädagogin und seit 2007 Wissenschaftliche Mitarbeiterin am Arbeitsbereich Kleinkindpädagogik der Freien Universität Berlin. Sie lehrt u. a. zu den Themen Elternbildung und Elternberatung. Als Projektmanagerin war sie im Forschungsprojekt „Familienzentren NRW" der PädQUIS gGmbH tätig. Seit vielen Jahren arbeitet sie freiberuflich im Bereich der Elternbildung und gibt verschiedene Kurse rund um Schwangerschaft, Geburt und Elternschaft. Sie ist GfG-Geburtsvorbereiterin, GfG-Familienbegleiterin und Mutter einer kleinen Tochter.

 **Doris Niebergall,** 1961 in Mannheim geboren, arbeitete nach ihrem Studium der Geschichte und Deutschen Philologie als Texterin, Markenentwicklerin und Kundenberaterin in internationalen Werbeagenturen in Paris und Frankfurt. Nach der Geburt ihrer beiden Kinder absolvierte sie die Ausbildung zur GfG-Familienbegleiterin und GfG-Geburtsvorbereiterin. Sie leitet Kurse in Frankfurt und betreibt als Vorstandsmitglied des Bundesverbandes der GfG aktiv Lobbyarbeit für Familien.

Fotonachweis

Malte Sänger, Frankfurt:
S. 6, 7, 10, 11, 12, 13, 14, 16, 18, 19, 21, 23, 24, 28/29, 31, 42, 44/45, 48, 49, 50, 52/53, 54, 55, 60/61, 62/63, 65, 66, 67, 68, 69, 70/71, 72/73, 74, 76, 77, 78, 82, 84/85, 87, 88/89, 90/91, 93, 94, 97, 98, 100, 111, 112, 113, 114/115, 117, 119, 121, 123

Familie Mierau, Berlin:
S. 5, 15, 24, 25, 26, 32/33, 34, 35, 36, 37, 38, 39, 47, 57, 58, 80, 103, 104, 105, 108/109

Michel Di Moro, Berlin:
S. 1, 8, 21, 30, 99

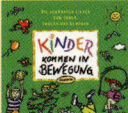
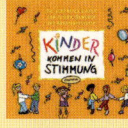